SYLVIA COHN
1904–1942

GEDICHTE UND BRIEFE

Eva Mendelsson (London), jüngste Tochter von Sylvia Cohn. Im Alter von 9 Jahren wurde sie im Oktober 1940 mit Mutter und Schwester nach Gurs deportiert. Von dort aus konnten die beiden Kinder in die Schweiz gerettet werden. Nach dem Krieg lebten sie beim Vater in England.

Ursula Flügler (Offenburg), bis 2002 Lehrerin für Latein und Deutsch. 1978 Gedichtband „Erstes Lateinbuch". Mitarbeit an Büchern, Veröffentlichungen in Zeitschriften.

Martin Ruch (Offenburg), freier Publizist mit regional- und kulturgeschichtlichen Themen, u. a. zur Geschichte der Offenburger Juden.

EVA MENDELSSON –
MARTIN RUCH
(HRSG.)

Sylvia Cohn
1904–1942
Gedichte und Briefe

Ausgewählt
und zum 100. Geburtstag der
Offenburger Schriftstellerin
am 5. Mai 2004 herausgegeben

mit einem Beitrag von
Ursula Flügler

Titelfoto: Sylvia Cohn im Lager Rivesaltes 1941

Mai 2004

© KulturAgentur, Dr. Martin Ruch, Offenburg

Gestaltung + Digitalisierung: Karoline Keune-Ruch

Schlußredaktion: Dr. Judith Holuba

Herstellung und Verlag:

Books on Demand GmbH, Norderstedt

Printed in Germany ISBN 3-8334-0678-X

INHALT

ZUM GELEIT
Prof. Dr. Hubert Burda

Herzlichen Dank für die Zusendung der Gedichte von Sylvia Cohn, die aus der schwärzesten Zeit unserer Heimatstadt Offenburg stammen.

Angesichts des unermesslichen Leides, das sich in den Gedichten widerspiegelt, verstummt jedes Wort, jeder Vergleich. Auch jedes Urteil über die Gedichte ist unangemessen hinsichtlich der entsetzlichen Finalität von Sylvia Cohn und dem tragischen Schicksal ihrer Familie.

Für mich besonders bestürzend, dass die Turnhalle meines Schillergymnasiums jener Ort war, wo man die Offenburger Juden gesammelt hatte, bevor man sie dann deportierte.

Ich wünsche diesem Buch viele Leser.

VORWORT
Eva Mendelsson

Liebe Mutter,

wer hätte gedacht, als ich mir zum elften Geburtstag ein paar Gedichte von Dir wünschte, daß dies mein größter Schatz und ein Begleiter fürs Leben werden würde! So freue ich mich, daß Du für mich immer leben wirst durch Deine Gedichte, die Du hinterlassen hast.

Ich war ein kleines Mädchen von acht Jahren, als unsere Familie zerrissen wurde, und ich konnte noch nicht verstehen, was das für unser Leben für Folgen haben würde.

Durch all das, was Du schriebst, lernte ich Dich kennen: Deine Liebe für uns Kinder und für Vater, für die Natur, die Vögel, auch Deine Sehnsucht, Dein Leid und vor allem Deine Liebe zum Schwarzwald, zur Heimat.

Ich bin glücklich darüber, daß die Leser dieses Buches sehen können, daß Du keinen Haß in Dir hattest, daß Du immer Deiner Religion treu warst in Deinem kurzen Leben.

Deine Tochter Eva,
auch im Namen Deiner anderen Töchter Esther und Myriam.

Es war immer mein innigster Wunsch, daß meiner Mutter kurzes Leben gekrönt werden kann durch die Herausgabe ihrer Gedichte. Deshalb empfinde ich eine tiefe Genugtuung über dieses Buch, und darüber, daß meine Mutter nun in Gedanken weiterlebt.

EINFÜHRUNG
Martin Ruch

„Ein Rosenschein am Firmament gibt Ahnung, daß es doch zum End des Leidens kommen will!" Mit diesem starken Bild der Hoffnung endet im März 1942 das lyrische Werk der Offenburger Schriftstellerin Sylvia Cohn. „Nein, unser Gott vergißt uns nicht!", hatte sie in einem anderen Gedicht in jenen Tagen geschrieben und damit gezeigt, welche Kraft sie aus ihrem Glauben schöpfte. Im Spektrum ihrer Gedichte ist deutlich zu sehen, daß dieser Glaube seit 1933 mehr und mehr zugenommen hatte. Doch die Hoffnung auf ein Ende des Schreckens trog. Am 30. September 1942 starb Sylvia Cohn in Auschwitz an „plötzlichem Herztod", wie die Lüge vom KZ-Arzt Johann Kremer im Totenschein genannt wurde. „Rosenschein am Firmament" – dieses Bild der Hoffnung hat sich für Sylvia Cohn nicht erfüllt.

Im südfranzösischen Lager Rivesaltes hatte sie noch einmal Mut gefaßt. Auch zwei Jahre nach der gewaltsamen Deportation aus Offenburg wollte sie sich nicht aufgeben, allen Phasen der Niedergeschlagenheit und Verzweiflung zum Trotz. „Sei stark, mein Herz, und hab Geduld!", lautete ein anderer Appell der mittlerweile herzkranken und an Asthma leidenden Frau. Die beiden Kinder Eva und Myriam, die man mit ihr deportiert hatte, waren wenigstens in einem französischen Kinderheim untergebracht, gingen dort zur Schule, ein kleiner Trost. Die älteste Tochter, Esther, war in München geblieben, war im Heim in der Antonienstraße gut untergebracht. Von ihr hatte sie nur selten Nachricht, aber sie konnte beruhigt sein. Gelegentlich wurden noch Briefe aus England zugestellt, wohin der Ehemann Eduard hatte emigrieren können, um schnellstmöglich die Familie nachzuholen. Doch der Kriegsausbruch 1939 hatte diese Pläne zunichte gemacht. Sie war allein und litt darunter: „Gefangen bin ich und allein." Die benötigten Papiere zur Ausreise via Portugal lagen in Rivesaltes fast alle vor, es fehlte nur noch eines ...

Seit den Jugendjahren hat Sylvia Cohn Gedichte, Stücke und andere lyrische Texte geschrieben. Ihr Nachlaß (im Besitz der jüngsten Tochter Eva), der auch Briefe enthält, ist sehr umfangreich. Für die vorliegende Sammlung wurde daraus eine Auswahl getroffen, die den wesentlichen Themen der Dichterin gebührenden Raum läßt.

Unsere Motivation als Herausgeber war es, der Stadt Offenburg eine jüdische Dichterin und ihr Werk wiederzugeben. Gerade in den Jahren ab etwa 1930 überzeugt die Ausdruckskraft und Bildhaftigkeit der Texte. In diesen Gedichten und Briefen zeigt sich das Leben einer Jüdin in Familie, Gemeinde und Staat, ein Leben unter zunehmend schrecklichen und unmenschlichen äußeren Bedingungen. Es ist ein einmaliges Werk und als poetisches ebenso wie als zeitgeschichtliches Dokument von Bedeutung.

Eine weitere Motivation zur Herausgabe der Gedichte ergab sich aus dem Aufruf des unlängst verstorbenen Philosophen und Rabbiners Emil Fackenheim. 1916 in Halle geboren, konnte er dem Holocaust via Schottland entkommen und starb 2003 in Jerusalem. Für die Wochenzeitung „Die Zeit" ist er „der wichtigste jüdische Denker der Gegenwart". Er hat die 613

Mitzwoth (Gebote im jüdischen Glauben) um ein 614. erweitert: Man dürfe Hitler keinesfalls mit einem nachträglichen Sieg belohnen, müsse also alle Spuren und Zeugnisse der Ermordeten sammeln und bewahren, um sie vor der totalen Auslöschung zu retten. Und so werden nun auch die Gedichte Sylvia Cohns für die Zukunft gesammelt und erhalten bleiben und Zeugnis geben von den Gedanken und Empfindungen dieser Frau aus Offenburg. Ihre Stimme ist nicht endgültig in Auschwitz verklungen.

Sylvia Oberbrunner,
um 1916

BIOGRAPHIE
Martin Ruch

Die jüdische Gemeinde Offenburg hatte ihren Höchststand mit etwa 500 Mitgliedern um das Jahr 1900 erreicht, seither sank ihre Zahl langsam. Als die Nationalsozialisten an die Macht kamen, lebten in Offenburg noch etwa 300 Juden, von denen bis 1945 hundert getötet und ermordet wurden. Den anderen gelang die Flucht. 1945 gab es keine jüdische Gemeinde mehr.

Am 5. Mai 1904 erblickt Sylvia Oberbrunner in Offenburg das Licht der Welt. Der Vater, Eduard Elias Oberbrunner (1860–1932) ist Weingroßhändler und Branntweinbrenner. Als angesehener Bürger und Gemeinderat betätigt er sich auch in der jungen jüdischen Gemeinde (in Baden wird 1862 die völlige bürgerliche Gleichstellung der Israeliten zum Gesetz) als Synagogenrat und langjähriger Vorsteher. Er ist mit Emma Kahn (1865–1922) verheiratet, deren Vater Moritz Kahn ebenfalls Weinhändler war. Als dessen Schwiegersohn hatte Eduard Oberbrunner das Geschäft übernommen.

Fünf Töchter werden dem Paar geboren: Irma (1886, verh. Wetzlar), Brunhilde (1887, verh. Lipper), Elise (1888, verh. Wetzlar), Martha (1890) und als spätes Nesthäkchen Sylvia (1904, verh. Cohn).

Schon während der Offenburger Schulzeit (die Familie hat ihre Geschäftsräume und Wohnung in der Wilhelmstraße 15) schreibt Sylvia erste Gedichte. Sie wird darin bestärkt durch die Eltern und einen großen Freundeskreis, etwa durch ihren Lehrer Professor Stärk. Zu ihm und seiner Familie hält sie viele

Sylvia Oberbrunner (Mitte) mit ihren Offenburger Freundinnen Flora Meyer (li.) und Rosel Moch, um 1918

Jahre einen freundschaftlichen Kontakt. Einige Briefe zeugen noch davon. 1918 etwa schreibt der Lehrer: „Liebe Schülerin, für die schönen Zeilen, die mir herzliche Freude machten, danke ich Ihnen bestens; ich freue mich auf unsere baldige gemeinsame Arbeit." Vielleicht hatte Sylvia dem verehrten Professor damals ihr lyrisches Märchen „Was die Lilie dem Myrtenbaum am stillen Orte erzählte" geschickt? Schließlich hatte sie es ihm gewidmet. Andere märchenhafte Texte jener Jugendjahre sind ein „Geburtstagsmärchen" und „Kinder und Blumen". Ein unschuldiger Zauber liegt über dieser Kinder- und Jugendwelt.

Im Dezember 1924 kann Eduard Oberbrunner die Verlobung seiner jüngsten Tochter Sylvia mit dem Kaufmann Eduard Cohn (1898–1976) aus Schönsee in Westpreußen bekanntgeben. Der Schwiegersohn soll einmal das Weinhandelshaus Oberbrunner übernehmen. Die Heirat erfolgt im Jahr darauf, am 21. Geburtstag der Braut (5. Mai 1925). Die Hochzeitsreise geht nach Italien. Im Gedicht „Chianti" beschreibt Syl-

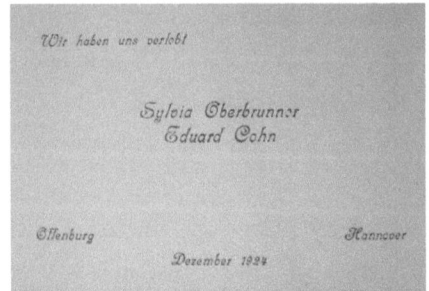

Wir haben uns verlobt

Sylvia Oberbrunner
Eduard Cohn

Offenburg   Hannover
Dezember 1924

Verlobungsanzeige

16

via Cohn diese romantische Fahrt. Es ist eine glückliche Zeit, wie sie ihrem Mann am 3. September, vier Monate nach der Hochzeit, gesteht: „Mein Liebling, so viel Schönes gibt es doch auf Erden, um uns und in uns. Denn alles, was lebt, was da ist, ist doch ein Teil der großen, göttlichen All-Liebe. Und erst, wenn wir anfangen, sie in uns zu erleben, verstehen wir besser den Sinn des ganzen Seins."

Bald stellt sich Nachwuchs ein. Auch in dieser Eltern-generation sind es ausschließlich Mädchen, die der jungen Familie geboren werden: Esther (1926–1944), Myriam (1929–1975) und Eva (1931). Vielleicht hat Sylvia diese letzte Geburt im März 1931 geschwächt? Jedenfalls weilt sie im August als Patientin in der Freiburger Frauenklinik. Dort erhält sie einen Brief der mütterlichen Freundin Frau Stärk: „... daß

HÖHERE MÄDCHENSCHULE OFFENBURG.
1875-1925.

VORTRAGS-FOLGE
ANLÄSSLICH DER FEIER DES
50-JÄHR. BESTEHENS DER
HÖHEREN MÄDCHENSCHULE
am Samstag, 3. Oktober 1925,
vormittags 10¼ in der Stadthalle.

1. Zu einer Schulfeier. (Gedicht von Anton Pichler).
2. Festgruß v. Franz Wagner. (Einstimmiger Chor mit Instrumentalbegleitung).
3. Festansprache des Direktors.
4. Reigen „Saat und Ernte". (Worte von Frau Sylvia Cohn geb. Oberbrunner, aufgeführt von Schülerinnen der Klassen I. u. II.)
5. Psalm 130. Von Fr. Silcher (Dreistimmiger Chor).
6. Zum Jubelfeste. (Worte und Reigen, aufgeführt von Schüle-rinnen der Klasse VI.)
7. Festgesang. (Vierstimmiger Chor mit Solo, geschrieben und vertont von Th. Hugle, Offenburg; der Chor ist verstärkt durch ehemalige Schülerinnen).

Am Nachmittag 3ᵘⁿ treffen sich die Altschülerinnen wiederum in der Stadthalle zu einem gemütlichen Beisammensein. Geladene Gäste und Freunde der Anstalt sind herzlich willkommen.

Arbeiten der Schülerinnen in Handarbeiten, Zeichnen und Kochen sind am Samstag, den 3. Oktober von 12–2ᵘⁿ und Sonntag, den 4. Oktober von 9–5 Uhr im Handarbeitssaal, Zimmer 32, III. Stock der Höheren Mädchenschule ausgestellt.

Besucher aus Offenburg sind höflichst gebeten, die Ausstellung womöglich erst am Sonntag zu besichtigen.

Für ihre Schule gestaltete Sylvia einen Beitrag zur Feier des 50-jährigen Jubiläums

Du die schweren Tage gut überstanden hast und wieder vollständig hergestellt worden bist. Gestern abend wartete ich bei Euch noch die telephonische Anfrage Deines Mannes ab, da war es ganz entzückend, wie sich die Kleinen für das Befinden ihres Mutterle interessierten. Esther wollte sogar gern wissen, was Du zu Abend gegessen hast ..."

Ansonsten wird der Alltag in Offenburg leider zunehmend von geschäftlichen Sorgen bestimmt. Eduard ist zwar als fleißiger Handelsvertreter auf Reisen durch ganz Deutschland unterwegs. In seinen Briefen an die Familie steht aber immer häufiger der Satz: „Bei schlechtem Geschäft gesundheitlich gut ...", und immer seltener: „Heute ging es geschäftlich gut, nach Regen kommt Sonnenschein." Auch die Geldnot wird angesprochen, etwa an seinem Geburtstag 1932, den er wieder einmal auf der Reise verbringen muß. Ausnahmsweise, so Eduard Cohn, werde er in Offenburg anrufen, aber auf keinen Fall dürfe Sylvia ihm etwas kaufen, denn: „Machst Du Dir Geldausgaben, dann ärgere ich mich und rufe nicht an!"

Aber er schreibt regelmäßig von unterwegs und nimmt als liebender Vater Anteil am Familienleben. Im Januar 1926 schreibt er aus Donaueschingen: „Liebling, ich stoße jetzt mit Dir an und trinke auf Dein und unser Wohl!" Und er erinnert sie an die Hochzeitsreise nach Italien: „... und wir wollen Erinnerungen feiern, uns jener schönen Zeit freuen und auf noch schönere hoffen!"

Im Juni 1934 kommt sein besorgter Brief aus dem Hotel Luisenhof in Hannover: „So, ihr armen Teufels, alle Mann sind verletzt! Ihr sollt doch besser aufpassen. Wie kann man aus einer Hängematte überhaupt rausfallen, hast Du schon mal gesehen, daß der Strick reißt, wenn ich drin liege? Oder hast Du etwa geschaukelt?"

Die Kinder vergißt er nie in seinen Briefen. Alle erhalten auch einzeln im Wechsel liebevolle Kartengrüße, manchmal alle drei zusammen: „An das 3 Mädelhaus Cohn, Wilhelmstraße 15".

Gelegentliche Erholungsaufenthalte im Schwarzwald zeigen, daß Sylvia die viele Arbeit für die Kinder und im Haushalt manchmal schwer fällt. Vielleicht weilt sie deswegen 1930 zur Erholung in Ühlingen (Schwarzwald). Die Gedichte jener Zeit lassen eine ängstliche Grundeinstellung erkennen. Im Gedicht „Gebet" schreibt sie schon im Januar 1928, daß sie „die Schwermut plagt". Und 1939 wird sie selbst im Brief an die Schwester Hilde ihre „Moll-Seele" erwähnen. Die Freundin Gertrud Moritz versucht zwar, sie aufzuheitern: „Du hast einen guten Mann und liebe Kinder, für die Du unentbehrlich bist. Eine Mutter sollte nie ängstlich und verzweifelt sein."

1931 trifft die Eltern ein schwerer Schlag: Die älteste Tochter Esther erkrankt an Kinderlähmung. Monatelang liegt sie im

Freude tut not!
(Zum 62. Orchesterkonzert.)

Immer düst'rer wird das Leben —
Immer schwerer drücken Sorgen, —
Ach, wir alle zittern, beben . . .
Was bringt uns der neue Morgen?
Wie ein Funken reiner Freude,
Fällt die Botschaft in die Reihen:
„Kommt herbei im Festtagskleide,
Stunden der Musik zu weihen!"
Menschen strömen in die Halle,
Froh und festlich angetan,
Und sie freu'n sich, alle alle
Floh'n des Lebens hartem Bann.
Schwestern sind es heut und Brüder,
Durch die Weihestund vereint,
Hören sie die süßen Lieder,
Bis das Herze lacht und weint.
Ein Geschenk aus Götterhänden
Ist die Gabe des Gesangs,
Sie kann Herz und Seele wenden
Mit der Welle weichen Klangs.
Wie verzaubert alle lauschen,
Von Begeisterung erglüht,
Auf der Heldenstimme Rauschen,
Auf der Amsel jubelnd Lied. —
Alles ist so weit und ferne, —
Was uns eben noch bedrückt,
Ueber uns — der Raum der Sterne,
In uns — Ruhe, tiefbeglückt!
Kann es etwas Schöneres geben
In des Alltags Kampf und Not?
Freude durften wir erleben —
Freude brauchen wir wie Brot!
S. C.—H.

Gelegenheitsgedicht zu einer Konzertveranstaltung, um 1930

Karlsruher Krankenhaus. Sie überlebt, aber die Folgeschäden der Krankheit sind nicht mehr zu beseitigen. Esther wird später immer eine Beinschiene tragen müssen.

„Nein, schön ist es bei uns nicht unter dem Zeichen des Hakenkreuzes, das kannst Du Dir denken. Wohin treiben wir? Nein, ich kann Dir sagen, es sieht bei uns sehr nach „Ruhe vor dem Sturm" aus. Und ein paar Gewitterzeichen waren auch schon", so schreibt ihr am 1. März 1933 Gertrud Moritz.

Die nun entstehenden Gedichte zeigen deutlich die Spuren dieser ersten Gewitterzeichen. Unmittelbar mit dem unseligen Jahr 1933 setzt eine Beschäftigung mit jüdischen Themen ein. Empörung über den Rassenwahn der Nationalsozialisten einerseits, Solidarität und Hoffnung auf die Auswanderung andererseits bestimmen nun die Gedichte. Empört registriert sie beispielsweise die zunehmende Diskriminierung auch jener jüdischen Soldaten, die für Kaiser und Reich im Ersten Weltkrieg gewesen waren: „Dafür hast Du den Krieg mitgemacht, daß man heute über Deine Nase lacht?" Und schon im September 1933 spricht sie von Erez Israel als der eigentlichen Heimat aller Juden: „Nimm uns auf, verwirf uns nicht!" Dabei kann sie doch nur schwer von ihrer Liebe zur deutschen Heimat, zum Schwarzwald vor allem, lassen.

Da jüdischen Künstlern ab 1933 der Zugang zu Kulturvereinigungen verwehrt wird, gründen sie reichsweit einen „Kulturbund Deutscher Juden". 1935 gibt es mehr als 36 regionale oder lokale Kulturbünde mit etwa 70 000 Mitgliedern in 100 Städten. Künstler, Schauspieler und Maler, Dichter und Kunsthandwerker, Sänger und Musiker treten in den jüdischen

Kulturzentren und Synagogen auf und sorgen für ein aktives Kulturleben. Auch Sylvia Cohn engagiert sich im Kulturbund und beteiligt sich im März 1935 mit ihrem Bühnenspiel „Esther" (das auch in Offenburg aufgeführt wird) an einem Preisausschreiben. Ihr Stück findet lobende Erwähnung.[1]

In der Offenburger Gemeinde engagiert sie sich verstärkt im Sozialbereich: „Am Sonntag, 17. 1. 1937, morgens 9 Uhr wurde die Gemeindevertretung zu einer Sitzung einberufen. (...) Am gleichen Tag, 15 Uhr, fand die Generalversammlung des Israelitischen Frauenvereins im Gemeindesaal statt. (...) Als erste Vorsitzende und Schriftführerin wurde Frau Neu gewählt. Neu gewählt wurden in den Verwaltungsrat Frau Sylvia Cohn, Paula Kahn und Irene Lederer. Anschließend an die Generalversammlung war gemütliches Beisammensein bei Kaffee und Kuchen."[2]

Für Gemeindeveranstaltungen schreibt sie Texte, trägt sie selbst vor:

„Auf 24. 1. 1937 abends 8 Uhr wurden die Gemeindemitglieder zu einem Vortrag in den Gemeindesaal eingeladen. Unsere heimische Schriftstellerin Frau Sylvia Cohn las aus eigenen Dichtungen, betitelt „Von gestern und heute", vor. Die Gedichte über das Erleben der Landschaft, über Heimat und Liebe, wie auch solche der Zeit und ganz besonders der dritte Teil „Ahasver", ein Bühnenspiel in 10 Bildern, waren besondere Leistungen und fanden bei den Erschienenen ungeteilten Beifall. Herr Lehrer Bär, der den Abend mit einer Begrüßung einleitete, konnte solchen mit Lob und Dank für die Schriftstellerin Frau Cohn beschließen."[3]

Eduard Cohn ist zu dieser Zeit Vorsitzender der Zionistischen Ortsgruppe Offenburg. Auch Sylvia fühlt sich zunehmend dem Zionismus verbunden und fährt wohl deshalb auch als einzige Vertreterin der Offenburger Gruppe zum 20. Zionisten-kongreß in Zürich. Vom 9. August 1937 stammt eine Karte aus der Schweizer Stadt (Hotel Bellerive au Lac) an den Ehemann: „An den Vorstand der Z.O.G. Offenburg", bzw. „Lieber Ed". Allerdings schreibt sie etwas rätselhaft: „Dies ist das Wunder von „Loch-Ness" – Ich war gar nicht auf dem Kongreß, / Doch diese Karte schreibt mein Geist, / Der hier inkognito zu Mittag speist. / Komm ich nach Hause, erzähl ich Dir viel / Vom hoch-dramatischen Redespiel! Herzlichste Küsse, Deine Sylvia."

Für das alltägliche Leben unter den drückenden Sonder-gesetzen der National-sozialisten findet sie bewegende Worte im Gedicht „Frühling 1938 für Großstadtjuden": „Sie tun noch so, als wär es gestern, / Spiel'n mit dem Hund, geh'n in's Kaffee, / Und sind doch Brüder nur und Schwestern, / Und tragen ein gemeinsam Weh!"

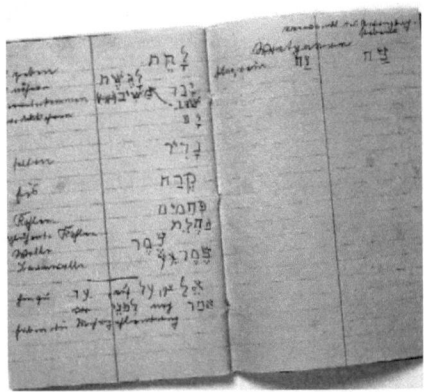

Vokabelheft: Sylvia Cohn lernte Hebräisch als Vorbereitung zur Auswanderung

Am frühen Morgen des 10. November 1938 („Reichskristallnacht") wird auch Eduard Cohn verhaftet und mit den anderen männlichen Juden Offenburgs ins Gefängnis gebracht. Von dort aus müssen sie abends ein grölendes Spalier von Schaulustigen und Parteigängern passieren und zum Bahnhof gehen, werden verspottet und geschlagen. Ein Zug bringt sie nach Dachau, wo die Demütigungen und Quälereien weitergehen. Ein erstes Todesopfer aus Offenburg ist zu beklagen: Jakob Adler (1867–1938) stirbt unter der Folter. Nach einigen Wochen werden die Inhaftierten wieder entlassen, alle mit der Auflage, über den KZ-Aufenthalt zu schweigen und möglichst schnell Deutschland zu verlassen. Eduard Cohn kehrt am 20. Dezember 1938 aus Dachau nach Offenburg zurück, gerade rechtzeitig zum Chanukka-Fest! Es wird ein frohes, erleichtertes Wiedersehen für die ganze Familie. Gleichzeitig fällt aber auch der endgültige Entschluß zur Auswanderung. Im Mai 1939 reist Eduard Cohn nach England voraus, um die Vorbereitungen zur Emigration der ganzen Familie zu treffen. Doch der Kriegsausbruch im September 1939 macht die Pläne zunichte, die Ausreise ist nicht mehr möglich.

Der Grenznähe zu Frankreich wegen bringt sich Sylvia Cohn bei Kriegsausbruch mit den Kindern in München in Sicherheit. Sie findet dort Unterkunft und Hilfe bei jüdischen

München 1939: Familienbild für den Vater: Esther, Eva, Myriam (von rechts)

23

Frauen („Kleine Frau mit warmem Herzen, wachem Geist und auch Verstand, reichst der Frau in Not und Schmerzen schwesterlich die Freundeshand"), kehrt aber, als die Gefahr vorüber ist, mit den beiden jüngsten Mädchen nach wenigen Monaten zurück. Esther bleibt im Münchner Kinderheim und beendet dort die Schulausbildung. Als Klassenbeste darf sie die Abschlußrede halten, die sie schließt mit den Psalm-Worten: „Aber die auf den Ewigen hoffen legen an neue Kraft ..." 1942 wird sie erst nach Theresienstadt deportiert und schließlich im Oktober 1944 in Auschwitz ermordet, zwei Jahre nach ihrer Mutter.

Am 22. Oktober 1940 werden die etwa 6 500 badisch-pfälzischen Juden nach Frankreich abgeschoben. Hundert Jüdinnen und Juden aus Offenburg, darunter auch Frau Cohn (Eva und Myriam steigen erst in Freiburg zu, wo sie damals in die Schule gehen), werden in der Turnhalle der Oberrealschule (heute Schiller-Gymnasium) zusammengetrieben, wo sie bis zur abendlichen Deportation verbleiben. Sie müssen eine Verzichtserklärung über ihr Vermögen unterschreiben und dürfen nur das Notwendigste mitnehmen. Das Ziel der Deportation ist zunächst unklar. Viele befürchten eine Fahrt Richtung Osten. Als aber die Rheinbrücke bei Breisach in Richtung Colmar überquert wird, atmet man etwas auf, denn, so glaubt man, Frankreich wird das kleinere Übel sein. Vielleicht kann man von dort sogar weiter kommen in die Freiheit? Doch die Situation im Lager Gurs (Südfrankreich) ist dann katastrophal, 1050 Menschen sterben im ersten Winter an Kälte, Krankheit, Unterernährung. 1941 können einige die

Lager verlassen und sich außerhalb eine Unterkunft suchen. Sylvia Cohn erhält dazu keine Gelegenheit, aber wenigstens können die beiden Töchter in einem Kinderheim untergebracht werden, wo sie auch zur Schule gehen. Am 16. 3. 1941 wird Sylvia Cohn in das am Mittelmeer gelegene „Spitallager" Rivesaltes umgesiedelt.

1942 ist das Jahr der Berliner Wannseekonferenz, wo die „Endlösung", die Ermordung und Vernichtung der deutschen und europäischen Juden, beschlossen wird. Die französische Vichy-Regierung kollaboriert mit den Nationalsozialisten, arbeitet mit den Verbrechern zusammen und läßt die Deportationen der deutschen Juden aus Südfrankreich zurück nach Deutschland und weiter nach Polen zu.

Spätestens in den Lagern Gurs und Rivesaltes ist Sylvia Cohn herzleidend geworden. Sie hat außerdem Asthma und benötigt täglich Medikamente, die sie im Koffer bei sich trägt. Ausgerechnet dieser Koffer wird aber beim Abtransport nach Auschwitz mit dem Koffer ihrer Tochter Myriam vertauscht, worunter diese ihr Leben lang sehr leiden wird. Denn sie fühlt sich mitschuldig am Tod der geliebten Mutter, deren Medikamentenkoffer sie unglücklicherweise bekommen hat. Besonders stark schmerzt Myriam die Erinnerung, als sie selbst 38 Jahre alt werden wird, so alt, wie ihre Mutter geworden war. Ein letztes Mal läßt Sylvia Cohn ein Bild für die Kinder machen und legt es ihrem Brief vom 9. Dezember 1941 an Eva und Myriam bei, die damals im Heim waren. Eva Mendelsson erinnert sich noch heute an diese Aufnahme: „Das Kleid war grün und hatte eine silberne Brosche. Mutter hatte früher welliges Haar.

Sylvia Cohn im französischen Lager Rivesaltes. Das letzte Bild. 1941

Im Hintergrund sind Steine, Dreck, es war nur öde in Rivesaltes. Alles was wir sehen konnten, war der Stacheldraht und die schrecklichen Latrinen. Es ist das allerletzte Bild von ihr."

Eva: „Am 1. September 1942 wurden wir wieder ins Lager gebracht. Diesmal wußten wir, daß wir mit Mutter nach Auschwitz gehen. Ich war froh, meine Mutter wiederzusehen. Es fiel mir nicht ein, daß dies der letzte Abschied sei. Ich war elf Jahre und Myriam 13. Da wir unter 14 Jahre alt waren, hatte Mutter die Möglichkeit, uns im Camp Rivesaltes zurückzulassen. Man gab ihr ein Versprechen, daß man alles tun würde, um uns am Leben zu lassen. Am 13. September 1942 ging Mutters Transport fort. Sie war 38 Jahre alt. Der Blick, als meine Mutter getrennt wurde von uns, hinter einem abgetrennten Stacheldraht – das kann ich nicht schildern!" Einziger Trost im großen Unglück wird für Sylvia

26

Cohn gewesen sein, daß die Kinder in Sicherheit gebracht werden konnten. Die Hilfsorganisation OSE (Oeuvre de Secours aux Enfants) konnte Kinder retten – im Austausch gegen Erwachsene, die dafür auf den Transport geschickt wurden. Die Schweizer Krankenschwester Friedel Bohny-Reiter war in jenen Monaten im Lager Rivesaltes tätig. In ihrem Tagebuch schildert sie die Deportationen, auch jene vom 13. September 1942: „Halb 1 Uhr ist es. Wir kommen erst zurück vom Bahnhofsquai. Von 3 Uhr mittags waren wir unten. Es war eine entsetzliche Sache heute. Schon im Ilot (Barackenblock) Szenen, Ohnmachten. Von 7 Uhr morgens bis 11 Uhr standen die Leute draußen beim Appell, in glühender Sonne. Noch liegt mir das Schreien der Frauen in den Ohren. Einer Mutter kann ich die Kinder noch freibekommen. Wie ich sie fortführe, reißt sie sie an sich. Ich löse die Kinder aus ihren Armen und führe sie in unser Foyer. Wie sich die Frau weigert, in den Camion zu steigen, wird sie von den Wächtern hinaufgetragen." [4]

Von Rivesaltes geht der Transport zunächst nach Norden ins Sammellager Le Bourget-Drancy (nördlich Paris). Drei Tage später, am 16. September, setzt sich morgens um 8.55 Uhr von dort der Eisenbahnkonvoi Nr. 33 nach Auschwitz in Bewegung.[5] 586 Männer und 407 Frauen, darunter auch Sylvia Cohn, sind in die Viehwaggons eingepfercht. Für den 18. September 1942 notiert dann das „Kalendarium der Ereignisse im Konzentrationslager Auschwitz-Birkenau" die Ankunft: „Mit dem 33. Transport des Reichsicherheitshauptamtes aus Frankreich sind 1003 jüdische Männer, Frauen und Kinder eingetroffen. Eine erste Selektion, bei der wahrscheinlich 300 Männer in verschiedene Arbeitslager überstellt worden sind, hat in Cosel stattgefunden. Nach der Selektion in Auschwitz werden 147 Frauen, die die Nummern 19980 bis 20216 erhalten, als Häftlinge in das Lager eingewiesen: „Vernichtung durch Arbeit" ist ihr Los. Die übrigen 556 Deportierten werden sofort in den Gaskammern getötet." [6]

Noch 12 Tage also lebt Sylvia Cohn als registrierter Häftling in Auschwitz. Dann stellt der SS-Lagerarzt Johann Kremer[7] den Totenschein aus: Ein „plötzlicher Herztod" habe am 30. September 1942 morgens 1 Uhr 45 Sylvia Cohns Leben beendet, wobei nur zu gewiß ist, daß diese Angabe des KZ-Arztes eine Lüge ist.[8]

PAŃSTWOWE MUZEUM W OŚWIĘCIMIU
ARCHIWUM

C¹

Nr. 33667/1942 (643)

Auschwitz, den 6. Oktober 19 42

D ie Sylvia Cohn geborene Oberbrunner

———————————————— mosaisch ————————————————

wohnhaft Offenburg in Baden, Friedenstrasse Nr. 46

ist am 3o. September 1942 ——— am _ o1 _ Uhr _ 45 _ Minuten

in Auschwitz, Kasernenstrasse ———————————— verstorben.

D ie Verstorbene war geboren am 5. Mai 19o4

In Offenburg

(Standesamt ————————————— Nr. ——————)

Vater: Eduard Oberbrunner, zuletzt wohnhaft in Offenburg

Mutter: Emma Oberbrunner geborene Kahn, zuletzt wohnhaft
in Hirsau —————————————————————————

D ie Verstorbene war — nicht — verheiratet mit Eduard Cohn

Eingetragen auf mündliche — schriftliche Anzeige des Arztes Doktor der
Medizin Kremer in Auschwitz vom 3o. September 1942

D Anzeigende

Vorgelesen, genehmigt und unterschrieben.

Die Übereinstimmung mit dem
Erstbuch wird beglaubigt.

Auschwitz, den 6. 10. 1942

Der Standesbeamte
In Vertretung

Der Standesbeamte
In Vertretung
Quakernack

Todesursache: Plötzlicher Herztod

Eheschliessung de ___ Verstorbenen am ——————— In ——————

(Standesamt ———————————————— Nr. ——————).

Totenschein für Sylvia Cohn. Quelle: Archiv Auschwitz

ZU DEN GEDICHTEN VON SYLVIA COHN
Ursula Flügler

„Es rostet Gold, und es verwest der Stahl,
Der Marmor bröckelt, alles ist bereit zu sterben.
Die Trauer ist das Dauerhafteste auf Erden.
Am längsten währt das königliche Wort."

Ruhige Gewißheit kennzeichnet die Stimmung dieses Gedichtes der russischen Dichterin Anna Achmatowa, das sie 1945 schrieb – auch sie erfahren in den Schrecken ihres Jahrhunderts und seiner Katastrophen. Die Worte der Dichter können Untergänge überleben, und was hier in diesem Buch gesammelt vor uns liegt, ist einem Untergang entrissen. Es hat überlebt und kann Zeugnis geben.

Diese Gedichte, dem schwachen Papier anvertraut, waren leichtes Gepäck. Die Kinder Sylvia Cohns, Myriam und Eva, haben die Gedichte ihrer Mutter als letztes Andenken an sie auf die rettende Flucht in die Schweiz mitgenommen und treu bewahrt. Was schutzlos in Offenburg zurückblieb, als das letzte Heim der Familie nach dem Transport nach Gurs der Plünderung preisgegeben war, das rettete das katholische Dienstmädchen Hermine Keller. Sie konnte es nach 1945 Eduard Cohn übergeben: Photos, Briefe und vor allem Gedichte seiner Frau Sylvia.

Das Buch enthält davon nur eine Auswahl. Es sind fast alles handschriftliche Texte, zum Teil sorgsam eingetragen in Bücher mit gutem Papier, wie man sie für Poesiealben und Tagebücher verwendet. Ein bewußtes Sammeln zeigt sich darin, vielleicht auch die Hoffnung auf Veröffentlichung. Die später im Lager Gurs entstandenen Gedichte sind leicht zu erkennen an der Dürftigkeit ihrer äußeren Gestalt. Jedes Stück Papier war gut, jedes Format, auch mußte Platz gespart werden. Wollfäden, kostbar in dieser materiellen Not, heften die kleinen Blätter mit Gedichten zusammen, die Sylvia Cohn, zum Teil aus der Erinnerung, aufgeschrieben hat. Hellsichtig war der Wunsch des Kindes Eva, denn die Gedichte wurden für das so früh mutterlose Mädchen „ein Schatz und Begleiter fürs Leben".

Es ist nun schon über zwanzig Jahre her, daß ich Kopien von diesen in deutscher Schrift in Gurs geschriebenen Gedichten begegnet bin – ihrer ärmlichen äußeren Gestalt, ihrer bewegenden Aussage. Je mehr ich im Lauf der Jahre mit den Gedichten Sylvia Cohns bekannt wurde, desto stärker empfand ich, daß sie ein Vermächtnis sind. Daß sie nun gesammelt, gedruckt vorliegen, kommt mir vor wie eine endlich erfüllte Pflicht.

Früh ist Sylvia Cohn der Dichtung begegnet. Das bürgerliche Deutschland war stolz auf seine Dichter. Die Lesebücher, der Deutschunterricht sahen es jedenfalls als ihre Aufgabe an, den traditionellen Schatz der Dichtung zu vermitteln – übrigens auch durch das Auswendiglernen von Gedichten. Für das sprachbegabte Kind Sylvia war das sicher keine Qual. Die spätere Sicherheit, mit der sich Sylvia Cohn in den Liedformen und Sprachmustern der Klassik und Romantik bewegte, kommt wohl auch aus dem frühen Umgang mit dem Rhythmus der Verse und dem Wohllaut der Reime. Früh dürfte sich auch die Freude am Schreiben aus der zunächst spielerischen Nachahmung der Grundmuster entwickelt haben.

Die jüdischen Bürger Offenburgs lebten ja nicht im „Schtetl"
wie die Ostjuden. Sie fühlten sich daheim in der deutschen
Sprache und Kultur. Sylvia Cohn durfte die Mädchen-
Oberrealschule besuchen, das heutige Oken-Gymnasium.
Deutsche Sprache und Kultur waren ihr Heimat und
Lebensraum wie der Schwarzwald, den sie so liebte, und wie
die Landschaft am Oberrhein. Die Sprache wenigstens, ihr
„Mutterland Wort" (Rose Ausländer), konnte ihr auch die
Deportation nach Gurs nicht rauben.

Die frühen Gedichte zeigen – bei großer formaler Sicherheit –
ein empfindsames, erwartungsvolles Mädchenherz voll Sehn-
sucht und Ahnung. Die Natur und ihre Stimmungen entspre-
chen den Stimmungen der Seele – oft in der volksliedhaften
vierzeiligen Strophenform der Romantik. Selbst in diesen frü-
hen Gedichten gibt es schon ein pflichtbewußtes „Dennoch",
das die schwankenden Gefühle zur Ordnung ruft, zu Tapferkeit
und Geduld. „Sei stark, mein Herz, und hab Geduld" – so wird
noch in Gurs das müde Herz zur Hoffnung ermahnt.

Die Gefühle sind oft von Ambivalenz bestimmt, am Grund
des Glücks erscheint die Trauer, wie etwa im Meersburg-Gedicht:
„An des alten Klosters Mauer
Lehnend, schau ich tief hinab...
Und in grundlos süßer Trauer
mich sehnend, schau ich Gruft und Grab."

Doch zunächst sind die existentiellen weiblichen Erfahrungen
von Liebe, Verlobung, Ehe und Mutterschaft die Themen.
„Erster Flug" von 1927 zeigt vielleicht am deutlichsten die Art

des Lebensentwurfs und Glücksverlangens in der Metapher des Fliegens:

„Sinken ist grausam – doch Steigen ist Glück!
Weiter und weiter wölbt sich der Blick ...
Nur noch das Wissen vom Dasein des andern,
unaufhaltsames Höherwandern."

Getreulich spiegeln die Gedichte dann auch das „Sinken", das nicht ausbleibt, die Enttäuschung durch den Alltag dieser Ehe, ihren Daseinskampf ums Materielle. Esthers Kinderlähmung und fast gleichzeitig die Geburt des dritten Kindes, Eva, führen 1930/31 zu schwerer Mutlosigkeit, fast Verzweiflung. Aus dieser Zeit gibt es viele Gedichte. Sie sind geschrieben im Krankenhaus und in Tagen der Rekonvaleszenz. Solche Zeiten waren für die Mutter dreier kleiner Kinder, die wohl kaum „ein Zimmer für sich allein" hatte (Virginia Woolf), eine Möglichkeit, zur Besinnung zu kommen und zu schreiben. Wie ein roter Faden zieht sich durch die Gedichte der Trost, den „der Allwelt Einsamkeit", die Natur, schenkt:

„... und aus meines Daseins Enge
bricht jubelnd die Lust hervor."

Bis etwa 1930 könnte man kaum aus den Gedichten erschließen, daß Sylvia Cohn Jüdin war in einer jüdischen Gemeinde. So fraglos und gesichert scheint die Existenz in diesem Punkt gewesen zu sein. Doch die Ereignisse ab 1933 ändern das Bewußtsein und auch den Ton der Gedichte. Ahnungsvoll schließt ein Gedicht zu Silvester 1930:

„Wüßt man vom kommenden Neuen,
Es gäbe noch mehr Leid."

„Tragt ihn mit Stolz, den gelben Fleck!", mahnt am 4. April 1933 die „Jüdische Rundschau" anläßlich des Boykotts jüdischer Geschäfte. Noch ist der gelbe Fleck nur eine Metapher für Diskriminierung. Sylvia Cohn hat den Artikel mit Sicherheit gelesen, und viele Gedichte zeigen ihre Auseinandersetzung mit dem Thema der wachsenden Verfolgung:
„Ich soll den gelben Fleck nun tragen,
Weil ich „nur ein Jude" bin?"

Bitter ist die Erfahrung des aufgezwungenen Fremdseins in der Heimat:
„Muß Jude sein, muß anders sein ..."
Selbstbewußtsein und Trauer sprechen aus den Zeilen:
„Deutscher Geist hat sich vermählet
Mit dem, was ihr „jüdisch" nennt.
Was den Heine schon gequälet,
uns noch in der Seele brennt."

Von nun an identifiziert sie sich leidenschaftlich mit dem jüdischen Schicksal. Bewußt arbeitet sie mit in der jüdischen Gemeinde. Es gibt viele Zeugnisse ihrer praktischen und geistigen Fähigkeiten, die sie dort im Dienst der Gemeinde entfaltet. Besonders das Spiel „Ahasver" zeigt, wie gründlich Sylvia Cohn reflektiert hat über die Rolle, die Juden einnahmen im Lauf der Geschichte – und wie sie diese Zusammenhänge in der Sprache der Dichtung bildhaft macht. Ahasver, ruhelos alle Zeiten auf Wanderschaft, darf endlich sterben, weil er sein Volk in „Erez Israel" angekommen weiß:

„Daß dies meine alten Augen noch schaun,
ein Volk und ein Land, um es aufzubaun,
die alte Heimat, des Herzens Braut ..."

Auch Eduard Cohn wollte mit seiner Familie nach Israel auswandern. Es hätte die Rettung bedeutet, wäre aber für die Dichterin Sylvia Cohn auch das sprachliche Exil gewesen.

Im Lager Gurs ist ein besonders beeindruckendes Gedicht entstanden, das in epischer Breite in gedrängten Langzeilen die Odyssee des Transports und das Elend im Lager Gurs schildert. Ein schmerzlicher Rückblick auf den 20. Dezember 1938 ist darin enthalten: Die Rückkehr ihres Mannes aus Dachau, am Chanukka-Fest. Daß sie ohne ihn, der in England die Auswanderung der Familie vorbereitete, nach Gurs deportiert worden war, vermehrte ihr Unglück und ihr Gefühl, völlig allein und verlassen zu sein. Das Bild des zerbrochenen Lebensschiffleins, das ohne Mast steuerlos dahintreibt, kommt in den Gedichten mehrmals vor. Es gibt Gedichte, in denen sich die fromme Frau auch von Gott verlassen sieht. Nur mühsam wird sie der Anfechtung Herr:

„Vater, Gott, ich möchte schreien,
Wann, wann wirst du uns befreien?
Feiertag! Die Melodien
Altvertraut zum Himmel ziehen
Und wir können Gott nicht sehen!"

Sie nennt das Böse, Hitler und seine „Freveltat", deutlich beim Namen. Und in einem der Gedichte wird die Stimme die einer Prophetin:

„Ich sag euch, es ist Mord!"

Die Gedichte aus Gurs und Rivesaltes sprechen die Wahrheit in der Sprache der Dichtung aus – eine Wahrheit, die neben der Wahrheit der Wissenschaft und der Dokumentation aus eigenem Recht spricht. Welchen Lebensumständen diese Gedichte abgerungen sind, zeigen die erhaltenen Briefe in ihrer Sprache, auf ihre Weise. Das Leben im Lager ist ein einziger Kampf ums nackte Überleben, um die rettenden Ausreisepapiere, um die Rettung der Kinder. Diese Briefe muß man lesen, um zu begreifen, in welch materieller und seelischer Not und Angst die Gedichte entstanden sind. Diese Gedichte sind jetzt nicht mehr – wie früher – eine poetische Bereicherung des Lebens einer begabten jungen Frau. Jetzt werden sie eine existentielle Notwendigkeit, um seelisch und geistig zu überleben in der „Höllen-Breughel-Atmosphäre" (Sylvia Cohn) von Enge, Schmutz, Entwürdigung. Zugleich geben diese Gedichte, sprachmächtig in der Ohnmacht des Ausgeliefertseins, Zeugnis von dem, was geschah und erlitten wurde – stellvertretend für die anderen, denen nicht wie Sylvia Cohn diese Gabe des dichterischen Wortes gegeben war. Die Lyrikerin Rose Ausländer hat das Ghetto in Czernowitz überlebt. Für sie galt: „Schreiben war Leben, Überleben."

Für Sylvia Cohn gab es trotzdem dieses Überleben nicht. Sie ist in Auschwitz ermordet worden. Dieses Leben, tätig, schöpferisch, mütterlich, endete mit 38 Jahren durch Gewalt. Vollendet war es nicht, es wurde vernichtet. Ihre Gedichte können uns sagen, wer sie gewesen ist.

FRÜHE GEDICHTE 1919–1933

EIN MORGEN
(1919)

Duftig tagt der Sommermorgen,
Und ein leiser, weicher Wind
Kühlt mir meine heißen Augen,
Die so müd vom Weinen sind.

Langsam füllt statt mächtg'en Nebels
Berg und Aue lautres Licht,
Und ich fühl's in allen Fibern,
Daß die Schöpfung zu mir spricht.

Und sie sagt: Was nützt das Grübeln
Über Übel, die bestehn?
Schau Dich um und laß das Weinen,
Sieh, die Welt ist dennoch schön!

KOMM DU –
(Februar 1922, zu einem Bild)

Komm Du, laß uns Blumen suchen,
Blumen, die der Tag gebracht,
Blumen, wie sie noch kein Künstler,
Herrlicher als Gott erdacht.

Komm Du, laß uns Kränzlein binden,
Pflück die Blüten zart und sacht,
Und ein Stiller wird sich finden,
Den das Kränzlein glücklich macht.

MAITAG 1921

Die Laube von jungen Birken
Wölbt über mir ihr Dach!
Nun weiß ich nicht, ob ich träume,
Oder bin ich wach?

Die Hände voll jungfrischer Blüten
Im Herzen die pochende Ruh',
Und irgendwo singt eine Amsel
Ihr sehnsüchtig Lied dazu.

Da quillt in mir ein Weinen
Und eine Seligkeit,
Erde, vor Deinem reinen
Heiligen Feierkleid!

EIN ABENDGANG!

(1923)

Als der Mond gelb überm Weizenfeld stand,
Da faßten wir beide uns an der Hand,
Und es war uns so weich und eigen –
Wir lauschten zusammen dem Schweigen,
Dem schweren, fruchtbaren Schweigen.

Wie der Wind das reifende Korn bewegt,
Wie es sich voll Demut zur Seite legt,
Das greift uns tastend an Seele und Sinn,
Und wir schauen liebend darüber hin ...
Liebend und traumverloren.

Wie rot aufs Mal der Mond erglüht!
Und der Sommerwind singt uns sein Lied,
Sein Lied hat so seltsamen, traurigen Klang,
Es macht uns froh – und es macht uns bang.
Doch es macht uns nicht befangen.

Und es wohnt in uns eine hohe Zeit,
Wir sind noch im Blühn, doch von Reife nicht weit,
Und wir fühlen uns stark und gebunden.
So hat uns der Sommer gefunden.

DIE NEUE WEISE
(Verlobungstag 1925)

Gib mir die Hand, Du, und sei still,
so ganz, ganz still und leise.
Weil ich jetzt bei Dir bleiben will,
beginnt eine neue Weise.

Die neue Weis' soll lieb und fein
und rein und innig werden.
Gib mir die Hand, Du, ich bin Dein –
Wir sind jetzt eins auf Erden!

CHIANTI

Erinnerung an die Hochzeitsreise, 1926

Du blickst in den leuchtenden, roten Wein,
Und die Seele trägt dich zurück
Zu unserer Liebe erstem Verein,
Zu blühendem, herzlichem Glück.

Da schaust Du die Sonne, voll Licht und voll Glut,
Und der einsamen Berge Pracht,
Sie alle, alle haben im Blut
Den süßen Brand uns entfacht.
Da rauscht Dir das Meer, – und der Südhimmel blaut,
Die Pinien erzittern nur leis, –
Da legst Du den Arm um die Frau, um die Braut,
Die heute „Gefährtin" Dir heißt!

,

AN ESTHER
(23. 10. 1926)

Hörst Du den Regen, der fällt, mein Kind?
Hörst Du pfeifen den herbstlichen Wind?
Eia, du hörst es, doch achtest Du's nicht,
Heiter im Schlaf lacht Dein kleines Gesicht.

Wild und stürmisch die Wolken gehn,
Wild und wilder die Winde wehn,
Treiben das letzte Laub vom Baum,
Doch Du lächelst im Traum.

ERSTER FLUG
(1927)

Sinken ist grausam – doch Steigen ist Glück!
Weiter und weiter wölbt sich der Blick,
scheuchet die Nebel, öffnet die Ferne,
Seele folget dem Blick so gerne, ...
duftblaue Berge, saftgrüne Wiesen, –
weißrote Dörfer, Flüsse, die fließen,
pflücken die Augen, wie Früchte vom Baum –
ist's nur ein Traum?
Höher mit Surren und Summen und Brausen
schraubt sich der Motor, doch wo bleibt das Grausen?
Höher mit Sausen und Surren und Summen, –
Worte im Wehen des Windes verstummen,
nur noch das Wissen vom Dasein des andern, –
unaufhaltsames Höherwandern!

HEGAU
(Mai 1927)

Blühend Land! Fest gebannt
Hängt mein Blick an deiner Weite
Rosig zart, im Frühlingskleide,
Voller Inbrunst hingegeben
An das junge, schöne Leben, –
Bräutlich blühen Deine Bäume
Ihre süßen Frühlingsträume!

Gold'ne Wiesen, gold'ne Felder,
Gründurchwob'ne dunkle Wälder
Grüßen! Roter, weißer Flieder
Hängt in schweren Dolden nieder
Über rissiges Gemäuer.

Seele, atme, werde freier,
Trink aus den Millionen Blüten
Tief in Dich den Frühlingsfrieden.

GANG IM HERBST
(21. Oktober 1927)

Schau die Berge! Gleich Paletten
Leuchtet lachend Farbgemisch,
Als ob tausend Maler hätten
Ihre Pinsel abgewischt ...

Gold und Braun und Rot und Ocker
Blühn auf ihrem ernsten Blau,
Gleich dem Rotblond-Haar, das locker
Sich ums Antlitz schmiegt der Frau.

Längst beles'ne Rebenhänge
Brennen auf in roter Glut!
Alte, schöne Winzersänge
Summen mir durch Sinn und Blut.

Enzianblauer, glockenklarer
Himmel wölbt sich um den Tag!
O Du schöner, wunderbarer,
Der vom Tod nichts wissen mag!

MITTAG IN MEERSBURG
(16. 8. 1928)

Silberfäden sind gewunden
1000 Meilen übern See!
Sommerliche Mittagsstunden,
Fast tut Eure Stille weh!

Wie die Fläche blitzt und glänzet!
Spiegelglatt ist sie. Kein Hauch
Fächelt Wellen, süß umkränzet
Nur von blauer Ferne Rauch.

An des alten Klosters Mauer
Lehnend, schau ich tief hinab ...
Und in grundlos süßer Trauer
mich sehnend, schau ich Glück und Grab.

FAHRT AN DEN BODENSEE
(16. 8. 1928)

Feierliches Glockenläuten
Schwingt sich auf zu blauer Höh' –
Gleich den weißen Faltern gleiten
Segelboote übern See!

Tiefe, süße, reife Stille
Streichelt schmeichelnd Wellen glatt,
Strahlend ab der Schönheit Fülle
Saugt das Aug sich satt und satt.

Berg und See im Feierkleide
Sommerlich durchpulst, durchglüht!
Heiterkeit und Friede, Freude
Atmet alles, was man sieht!

GEBET
(2. 1. 1928)

So laß, o Gott, das Heil'ge nicht versanden!
Was lebensglühend mir im Herz sich regt,
Dringt auf zu Dir: „Befrei uns von den Banden,
Die ein gehäss'ger Alltag um uns legt!"

„Wir wollen gut", ich sag es tausend Male,
Und jedes Mal sei's ehrlich nur gesagt,
„Wir wollen gut", aus diesem Hoffnungsstrahle
kommt mir das Licht, wenn mich die Schwermut plagt.

Zwei Welten sind's, die sich verschmelzen sollen,
Doch jeder Mensch hat seinen Kreis für sich –
Man kommt sich nah in Stunden, übervollen,
Doch dann ist wieder Einsamkeit um Dich.

Daß man in seinen letzten Tiefen
Sich restlos nie verstehen kann,
Das spürte ich nach bitt'rem Prüfen
Am eigenen, geliebten Mann!

VERLOBUNGSTAG
(22. 12. 1928)

Komm, gib mir Deine Hand, mein Ehekamerad,
Laß uns die Feste feiern, wie sie fallen,
Jed' ungenützte Stund ist eine böse Tat –
Und wann die Stunde schlägt, weiß keiner von uns allen.

Komm, gib mir Deine Hand, mein Ehekamerad,
Und laß uns redlich teilen Leid und Freude.
Es dreht sich immer noch das große Rad
Des Lebens, – komm, streu Rosen heute.

Komm, gib mir Deine Hand, mein Ehekamerad,
Wenn heute abermals die Lichter brennen
Erneuern wir den Schwur, den jeder von uns tat:
Es soll uns nichts im Leben voneinander trennen!

SAAT
Gewidmet Dr. Hugo Hahn[9]
(Köln, 11. November 1929)

Es war in jenen frühen Jahren ...
Wir waren Wachs in Töpfers Hand,
Wir waren jung und unerfahren
Und unsre Seelen unbebautes Land.

Da kamst Du – siehe – Deine Hände
Erformten unser Leben neu!
Wir tranken Deines Geistes Spende
Und wurden langsam reif und frei.

Was gärt und trieb in unsern Seelen,
Was unklar und verworren war ...
Du halfst uns durch des Zweifels Quälen
Auf Höhen – licht – und wunderbar.

Und was in lang verklungnen Tagen
In weiche Erde ward gesät ...
Es hat geblüht, und Frucht getragen,
Und jeder von uns Menschen – steht!

NACH DEM GEWITTER
(1928)

Nun hat sich der Sturm zu Ende getollt,
Und Wölkchen schwimmen in flüssigem Gold.
Die schwarzen Wälder baden in Licht,
Als wäre soeben das Grauen nicht,
Sie schüttelnd, darüber hinweggefegt,
Jetzt stehen sie ernst und unbewegt.

Der alte, braune Bauernhof,
Aus dessen Traufe der Regen troff
Noch eben, er leuchtet im Abendschein
Und taucht seine Fenster in Purpur ein.
Es strotzen die Matten in saftigem Grün,
Ganz ferne zwei saftige Wolken ziehn,
Und über die Berge, ruhvoll und mild
Der bunteste Regenbogen schwillt
Und rundet das Ganze zum lieblichen Bild!

AUF DEN ALTBEKANNTEN WEGEN
(Bruchstück, undatiert)

Auf den altbekannten Wegen
Sehe ich seit diesem Morgen
Tausend Augen bange fragen,
Tausend Regenaugen klagen:
Hier ist's kalt!
Liebe Sonne, kommst Du bald?

An den Telegraphendrähten
Hängen helle Silberketten,
Und ein Rosenhauch im Westen
Kündet uns von Strahlenresten
Einer tagesmüden Sonne.

Ach, ich liebe diese Stunden,
Da, von drauß' nach drinnen flüchtend,
Man sich selber oft gefunden,
Da wir, redend still und richtend,
Und die Wirren in uns schlichtend,
Spüren, was ein Heim uns gibt,
Und die Ruhe, die man liebt.

Und der Seele leises Freuen,
Das wir spüren,
Ist ein allzu sicher Bote
Von des süßen Sommers Tode.

FELDBERG
(November 1930)

Mein Gott! Ich bin erschüttert
In dieser Höhen-Nacht!
Und meine Seele zittert
Ob soviel Himmelspracht.

Wenn früh im Dämmerscheine
Die Sonne sich erhebt,
Dann wach ich, ganz alleine,
Und meine Seele bebt!

Auf höchsten Gipfels Höhe
Steh ich und bin voll Freud',
Mich grüßt aus nächster Nähe
Der Allwelt Einsamkeit!

SCHICKSAL
(November 1930)

Mein Herz ist so traurig,
Ich weiß nicht, wohin,
Das Leben so schaurig,
Es hat keinen Sinn.

Ein Blütlein, zerbrochen,
Wer richtet es auf?
Mein Herz ist durchstochen,
Es läuft müden Lauf.

Ich hab keine Tränen,
Die Augen sind leer,
Es fällt mich zu höhnen
Dem Schicksal nicht schwer!

Viel Schön's hat begonnen,
Erglühte im Licht,
's ist alles zerronnen,
Nur eins blieb: die Pflicht!

SYLVESTER 1930/31

Es stehn so hoch die Sterne
In dieser Winternacht,
So einsam, kalt und ferne
In mitleidloser Pracht.

Wie ich am Fenster stehe
Und schau zum Firmament,
Da schüttelt mich das Wehe,
Und ich bin fast am End'!

Wie hat dies Jahr begonnen?
Was ist's, das es mir läßt?
Das Schöne ist zerronnen –
Das Böse setzt sich fest!

Ihr Sterne, hoch da oben,
Nun kommt ein neues Jahr, –
Werd ich es schelten, loben?
Wird's besser, als jenes, das war?

Ach, Sterne, ich kann es verzeihen,
Daß Ihr so schweigsam seid –
Wüßt man vom kommenden Neuen,
Es gäbe noch mehr Leid!

FREIBURG
(18. August 1931)

In Schmerzen ist man oft so klein ...
Es lebt ja unter all der Pein
Ein Seelchen, das will fliegen
Und Neues lernen, Schönes sehn!
Und in Bewunderung vergehn –
Und nicht nur „Prügel" kriegen.

Es kommen Wolken immerzu
Die decken alles Schöne zu
Und lassen mir nicht Rast noch Ruh,
An etwas froh zu werden ...
Bald ist der ganze Himmel fort
Und ich weiß kaum mehr seinen Ort,
Ein lichtes Blau, ein liebes Wort,
Und – dunkel ist's auf Erden.

Zuletzt ist man doch so allein!
Drum noch einmal, nicht böse sein!
Es lebt ja unter all der Pein
Ein Seelchen, das will fliegen!

VATER ZUM 71. GEBURTSTAG
(22. Juli 1931)

Lieb Väterchen, Dein Festtag heut
Ist nicht ein Tag der reinen Freude, –
Uns alle drückt die schwere Zeit, –
Und unser Frohsinn ward ihr Beute.

Und doch, trotz Kummer, Sorg und Not
Will froh ich heut dem Herrgott danken.
Er ließ uns immer noch das Brot
Und einen Fels, der soll nie wanken.

Da ist gesund und lebensfrisch
Der Vater in der Schar der Kinder,
Solange Du an unserm Tisch,
Wird nie zu kalt der herbste Winter.

Denn Deine Liebe ist das Band,
Durch das wir all zusammenhalten!
Gib mir, mein Väterchen, die Hand
Und bleib noch lang – das mög' Gott walten.

ICH GEHE DURCH BLÜHENDE WIESEN
(Ühlingen im Schwarzwald, 17. Mai 1930)

Ich gehe durch blühende Wiesen
Hinauf an den Waldesrand,
Den sonnigen Tag zu begrüßen,
Den ersten, den ich hier fand.

Noch sind des Regens Spuren
Auf Blüten und Gräsern zu sehn,
Als ob die glänzenden Fluren
Im Tau gebadet stehn.

Mein Herz schlägt wieder höher,
Weil nach dem trüben Grau
Der Himmel wieder höher
Erstrahlt im tiefsten Blau!

NUN HABE ICH DOCH SCHON DEN LENZ GESEHN
(Ühlingen 17. Mai 1930)

Nun habe ich doch schon den Lenz gesehn,
Den köstlichsten, den es mag geben,
Und darf nun noch einmal im Frühling stehn,
Im knospenden, werdenden Leben.

Wie wohl tut mir das Sommerlicht
Auf goldbesäten Wiesen –
Ich trink das Bild, und kann es nicht,
Kann's nicht zu End genießen!

Ich seh im grünen Buchlaub ziehn
Das Spiel von Licht und Schatten,
Dahinter dämmern dunkelgrün
Die sonnbeschwerten Matten.

Und Blütenbäume senden wild
Den Duft dem Licht entgegen!
So voller Inbrunst blüht's – mich füllt
Ein Glück ob soviel Segen!

Ich bin so dankerfüllt und froh
Um diese Nachklang-Tage,
Sie helfen – und erleichtern so
Das Gleichgewicht der Waage.

Des Krankseins fröhlich-wehe Zeit
Ist ja noch nicht verklungen –
So ward der Seele Leid und Freud
Ein Übergang errungen.

Des Werktags stählern Einheitsmaß
Von neuem zu erlernen
Glückt mir am besten hier im Gras
Im Wald, überstrahlt von den Sternen!

„Pessach! Wandern, wandern muß ein jeder.../ Einer früh'r, der andre
später, / Und besonders heut - beim Seder/ Wandern wir im Geist der
Väter / Durch die lange Wüsten-Nacht / Bis die vierzig Jahr vollbracht! /
Vor der Wandrung Ungemach / Schütz Euch dieses Sonnendach!"
Humoristisches Gedicht zu einer Familienfeier, um 1930

ATEMPAUSE
(Ühlingen, 18. Mai 1930)

Schön sind die grauen Tage,
Wo der Wald so schweigend steht,
Wo stumpf und ohne Klage
Der Tag zur Neige geht.

Die saftig-grünen Breiten ruh'n aus im stumpfen Licht,
Des Windes weiches Gleiten stört ihre Ruhe nicht.

Ich halte still, will lauschen,
Ein wilder Vogelschrei,
Ihn schreckt des Windes Rauschen,
Sonst Stille, weit und breit!

Den Sabbat hält die Erde
An solchem stummen Tag,
Daß sie zu neuem „Werde"
Sich Kräfte sammeln mag!

OSTERSONNTAG
(Gengenbach, 19. April 1930)

Trostlos läuten Kirchenglocken
In den regenschweren Tag.
Wolkenfetzen, Nebelflocken,
Hängen sich auf Berg und Haag.

Traurig stehn die Blütenbäume
Frierend da im Hochzeitskleid.
Ihre Sonnen-Frühlingsträume
Sind zerstoben – samt der Freud!

Nur im Lindenbaum die Amsel
Hat die Hoffnung sich bewahrt,
Feiert auf der grünen Kanzel
Ostertag auf ihre Art.

OSTERMONTAG
(Gengenbach, 20. April 1930)

Was ist geschehn in dieser Nacht?
Die Erde ist verjüngt erwacht,
Auf Berg und Tal die Sonne lacht,
Und all die gold'ne Frühlingspracht
Lockt mich hinaus ins Freie!

War gestern erst der trübe Tag,
Des ich mich nicht entsinnen mag,
Wo nur der Amsel froher Schlag
Mich füllt mit froher Weise?

Der Frühlingssturm hat blankgefegt,
Den blauen Himmel klargelegt,
Frau Sonne hat mit Gold belegt
Die glänzend grünen Auen.

Die Blütenbäume staunen sehr,
Die Welt so golden um sie her,
Als ob das nicht erst gestern wär,
Der Tag voll Naß und Grauen.

Da fallen auch die Glocken ein!
Ihr Läuten muß heut anders sein,
Es dringt so tief in mich hinein,
Wie Auferstehungsfreude!

Nun weiß ich erst, daß Ostern ist.
Ich hab den Sonnenschein vermißt.
Jetzt ist die Erde wachgeküßt,
Und strahlt im Frühlingskleide!

GESUNDWERDEN
(Gengenbach, 20. April 1930)

Ich liege im blühenden Garten,
Und alles ist neu und so schön –
Und meine Sinne warten,
Als müsst etwas geschehn!

Ich zieh mit geschlossenen Augen
Den Blütenbalsam ein.
Frag mich nicht, was sie taugen,
Die süßen Gedanken mein!

Ich hör die melodischen Klänge
Von der Sänger gefiedertem Chor –
Und aus meines Daseins Enge
Bricht jubelnd die Lust hervor!

BAND DES FRIEDENS
(Dezember 1931)

Frau'n! Reicht Euch die Schwesternhände
Über's ganze Erdenrund,
Daß der Krieg nicht Raum mehr fände,
Schließt den großen Friedensbund!

Laßt den Geist der Liebe walten,
Statt des Haders, Zank und Streit,
Bietet Trotz den Marsgewalten
Jetzt für alle Ewigkeit.

Nicht, um in den Krieg zu ziehen,
Zogt Ihr Eure Kinder groß –
Laßt im Frieden sie erblühen,
Hütet sie vor ander'm Los!

Knüpft die Bänder, schließt die Ketten
Weithin über Meer und Land,
Nur der Friede kann uns retten,
Der in allen Wurzel fand!

DER LETZTE GANG
(18. 11. 1932, auf den Tod des Vaters)

Es war im November, ein spätsonniger Tag,
Als er stille von uns gegangen.
Wie friedlich er dann auf dem Bette lag ...
Doch in uns war Grauen und Bangen.

Und als dann in düsterer Abendstund
Die Freunde, die Männer kamen,
Da schlugen sie mir die schmerzlichste Wund,
Als sie den Vater mir nahmen.

Wie konnten sie's tun, und was Heimat mir war,
So stumm aus dem Hause nur tragen?
Und dafür lebte er siebenzig Jahr?
Nun wartet ein schwarzer Wagen.

Und dunkler, trauernder Menschen Zug,
Die gaben – gleich uns – ihm's Geleite,
Die Nacht ihren samtenen Mantel schlug
Um uns und die weinenden Leute.

Der Rosse Huf, der Schritte Laut,
Brach rhythmisch die traurige Stille,
Und nur des Mondes Licht goß traut
In uns des Trostes Fülle.

Und wenn mein Mund noch weinen will,
So preß ich drauf die Hände:
Gönn ihm die Ruhe, – und sei still –
Sein Jammer hat ein Ende!

BRUDER!

(Juli 1933)

Und dafür hast Du den Krieg mitgemacht,
Daß man heute über Deine Nase lacht,
Bruder, Du?

Du botest wie alle die Brust im Sturm,
Und alle zusammen wart Ihr der Turm,
Der Deutschland vor fremdem Einfall bewahrt,
Da warst Du „Deutsch", nicht „fremder Art",
Bruder, Du!

Nun fährst Du in ein fremdes Land,
Den Koffer in der müden Hand,
Dein Halt ist hin, und die Seele so schwer,
Wer gibt denn gern seine Heimat her?
Bruder, Du?

Und tief aus den Augen, da leuchtet Dein Leid,
Sie blicken so – jenseits von gestern und heut,
Bruder, Du!

ZION
(10. 9. 1933)

Heimatlos sind wir geworden,
Irren über Land und Meer, –
Tief im Süden, hoch im Norden,
Keiner, keiner will uns mehr.

Gab nicht Gott den Stammesahnen
Ein gar sonnig-schönes Land?
Blau und weiß sind seine Fahnen,
Erez Israel wird's genannt.

Land des Lebens, Land der Freude,
Unser aller Zukunftslicht,
Auf Dich blicken wir im Leide:
Nimm uns auf! Verwirf uns nicht!

Dort erstrahlt nach all dem Trüben
Hell ein Stern für unsre Not:
Zion – Heimat, Dich zu lieben
Sei uns heiligstes Gebot!

WER IST EIN HELD?
(11.9.1933)

Wer ist ein Held? Der sich selbst bezwingt.
Ist's nicht, als ob ein Mahnruf klingt
Aus diesem Wort in unsre Tage?
Was nützt uns jetzt endlose Klage?
Was uns das Schicksal auferlegt,
Ist Pflicht, daß man es tapfer trägt.
Wir Jungen wollen mutig sein!
Bekennermut schafft's nicht allein.
Wir wollen auf die Zähne beißen,
Auch wenn die Finger blutig reißen,
Wir wollen Arm und Hände regen,
Und Stück für Stück den Grundstein legen,
Um unsre Zukunft aufzubaun
Und dabei gläubig Gott vertraun.
Stark wolln wir sein! Und jedes Kind
Sei stolz drauf, daß wir Juden sind!

DIE JÜDISCHE FRAU IM JÜDISCHEN HAUS
(1933)

Was der Mann in der Kehille[10]
Für die heil'ge Sache tut,
In des Hauses hehrer Stille
Bei der Frau dies Wirken ruht.

Sie ist ja des Hauses Säule,
Ist des Hauses Geist und Herz.
Bei der Mutter will verweilen
Mann und Kind in Freud und Schmerz.

Sie lehrt uns die Mitzwas[11] halten,
Nicht als Zwang, als fromme Pflicht!
Sie muß die Feste schön gestalten,
Und sie vergißt den Sabbat nicht.

Sie tut stets trotz Last und Sorgen
Gottergeben ihre Pflicht,
Und an jedem neuen Morgen
Zeigt sie uns ein froh Gesicht.

Sie ist die Priesterin am Herde,
Von ihr geht Glanz und Friede aus,
Drum – laßt uns jüdische Mütter werden,
Und – jüdische Frauen im jüdischen Haus!

AN DEUTSCHLAND
(6. 8. 1933)

Dies ist mein Schmerz, daß ich nicht weiß,
Warum ich hier geboren, –
Und tausend Tränen rinnen heiß
Um das, was ich verloren.

Dich lieb ich, Land und Wald und See
Und Euch, Ihr Bergeshöhen,
Nun bricht das Herz mir schier vor Weh,
Wie soll ich das verstehen, –

Daß Ihr nicht meine Heimat seid?
Du, Erde, die ich liebe,
Nach der vor Leid die Seele schreit,
Wenn je ich fern Dir bliebe?

Ich weiß, daß Euer Blut mir fremd,
Ihr Menschen hier im Lande,
Und daß mich vieles von Euch trennt, –
Doch fester sind die Bande

Der Scholle, die mir Heimat ist,
Der vielgeliebten Erde,
Und die nun nicht in schroffer Frist
Mir kann zur Fremde werden!

Ich liebe Dich! Und dies ist Pein:
Du willst mich nicht erkennen,
Muß Jude sein, muß anders sein,
Den Mensch vom Menschen trennen.

TROST IM FRÜHLING
(1934)

Auf dem Tisch mit weißem Linnen
Steht die flache, grüne Schale,
Randgefüllt mit Frühlingsblüten.
Tief in meiner Seele drinnen
Sehnt sich nach des Winters Kühle
Alles nach des Lenzes Frieden.

Wie sie blühen! Duft entströmen!
Ach! Dies kann uns niemand nehmen,
Noch darf Blüten ich erschauen –
Hören, wie vom frühlingsblauen

Himmel eine Amsel singt,
Daß ihr Lied zum Herzen dringt,
Und die goldne Sonne sehen,
Schweigend vor den Bergen stehen,

Deren dunkle, stumme Höhe
Über unsrer Herzen Wehe
Wie ein treuer Wächter wacht:
Gott hat sie auch für uns gemacht!

Dann beug stille ich den Rücken,
Und die Last will minder drücken!

FRIEDE
(1934)

Wir, die wir so friedlos sind, –
Unter den Völkern, ein Blatt im Wind,
Die wir von allen gehaßt und gemieden,
Sehnen nach nichts uns so sehr wie nach Frieden.
Den Frieden, den sie uns nicht lassen,
Weil sie uns fremd sind und weil sie uns hassen.

IN MEMORIAM THEODOR HERZL[12] UND
CHAIM. N. BIALIK[13]   (undatiert, ca. 1934)

Wir hatten Männer, voller Mut und Kraft,
Die Großes wollten und die Großes schufen!
Was uns der eine durch die Tat geschafft, –
Gab uns der andre durch sein Mahnen, Rufen.

Des Führers nun verklärte Lichtgestalt
Hat mit dem Pathos seiner reinen Seele
Zerriss'ne Massen fest zum Volk geballt
Und einen Weg gezeigt, „hier, Jude, wähle!"

„Willst Du der Galuth[14] jammervolle Not
Als Paria der Völker ewig weiter leiden?
Willst Du des Ostens helles Morgenrot,
Den Weg der Hoffnung froh beschreiten?"

Da jauchzten die Gequälten laut ihm zu
Und milder rannen der Getretnen Zähren,
„Zeig uns den Weg, sei unser Führer, Du,
Bring uns zum Ziel, – ach, wenn erlöst wir wären!"

Er ging den Weg, so dornenvoll und schwer,
Und hat, wie Mose einst, die Massen mitgezogen,
Die murrten, stritten, kämpften hin und her,
Er führte sie, und ward, wie Mose einst,
um seinen Teil an Kanaan betrogen!

Er starb zu früh! Ein Baum, vom Blitz gefällt,
Uns blieb sein Geist, sein Werk ward nicht begraben,
Dies, dass durch ihn nun auf der ganzen Welt
Trotz Leid und Not wir eine Heimat haben.

Der andre war ein Künder, ein Prophet, –
Ein Hüter alten Gutes für uns Erben.
Seit er nicht warnend, rufend länger bei uns steht,
Wer schützt des Volkes Seele vor Verderben?

Der eines Dichters, Sehers war sein Lebenslauf,
Meister in Wort und Schrift der Heilgen Sprache,
Er nahm des Führers geistig Erbe auf
Und machte es zu seines Lebens Sache!

Auch er ist tot. Für immer schweigt sein Mund,
Der soviel Köstlich-Schönes hat gegeben.
Wir denken beider ernst in dieser Stund:
Und Vorsatz sei für uns und Tat – ihr Leben.

AN FRITZ (vor seiner Alijah[15])
(Herbst 1934)

Am Büchlein jüdischer Lieder,
Da hängt Dein Herz gar sehr.
Die Tante fand es wieder,
Nun steht darin – eins mehr.

Laß mich es schlicht Dir sagen,
Der Abschied rückt heran,
Da wollen wir nicht klagen,
Nun fängt Dein Leben an.

Du bringst ein Herz voll Liebe
In unser heil'ges Land.
Dadurch wird alles Trübe
Zu nichts in Deiner Hand.

Du wirst Dein Leben zwingen,
Auch wenn es hart und schwer,
Dein Glaube wird erringen
Den Sieg – auch überm Meer.

Und mag die Sonne stechen,
Trägt Schwielen auch die Hand,
Nichts wird den Mut Dir brechen:
Es ist – für unser Land!

Doch eines nie vergesse
Bei Arbeit, Lernen, Spiel, –
Denn Du kannst nicht ermessen,
Was dies besagen will:

Du läßt ein Herz voll Liebe
Im Jugendland zurück,
Ein Herz, das voll des Trüben,
Nun einmal darbt nach Glück!

Ein Herz, das Dir verbunden
In Trennung, Kampf und Leid,
Ein Herz, das will gesunden
An Deines Lebens Freud!

Und wenn Du Dich gerungen
Durch Kampf und Not zum Licht,
Wenn Du den Sieg erzwungen,
Vergiß die Mutter nicht!

RESIGNATION
(8. 4. 1935)

Stundenlang hab ich geschrieben,
Schrieb das Herz mir warm ...
Was ist mir davon geblieben?
Ach, wie bin ich arm!

Reicher Bilder bunter Reigen
Schwebt an mir vorbei,
Will mir meine Jugend zeigen,
Die vorüber sei ...

Sei? Nein: Ist! Klar muß ich's sagen
Und ich scheu mich nicht,
Viel hab ich getragen,
Trag es noch, 's ist Pflicht!

Hart bin ich geworden,
Und dem Lied entwöhnt,
Blüten und Blätter verdorrten,
Hab mich umsonst – gesehnt!

ENTTÄUSCHUNG
(8. 4. 1935)

Wie stille sind die Stunden,
Wie lange ist ein Tag,
Bis sie zur Woch' sich wenden,
Kaum glaub ich, daß ich's trag.

Hat doch mein täglich Leben
Immer nur einen Sinn:
Es ist ein ständiges Streben
Zum Sabbat hin.

Zum Sabbat, wenn zu Ende
Die lange Woche ist,
Und wenn mit Mund und Händen
Mich Deine Nähe küßt!

So freu' ich mich durch die Wochen
Auf Deine Wiederkehr,
Ich mag weder backen noch kochen –
Nur – Dir zu Ehr!

Doch ist der Sabbat kommen
Und bist Du wirklich da, –
Dann fühl ich, von Qual beklommen,
Entfernt nur – bist Du mir nah!

Ich möchte mich an Dich lehnen,
Auf den ich mich gefreut, –
Doch, was mir bleibt, sind Tränen
Und großes Herzeleid.

Denn von des Lebens Plage
Bist abgekämpft und müd,
So daß Dein Aug' meine Klage,
Mein Freuen auf Dich nicht sieht.

Die Tage der Wochen sind lange
Mit ihrer Einsamkeit, –
Der kurze Sonntag ist länger
Mit seiner Enttäuschung und Leid!

KOMM, LIEB, WIR STEIGEN SCHNELL HINAB
(1935, zehnter Hochzeitstag)

Komm, Lieb, wir steigen schnell hinab,
zum frischen Quell der jungen Ehe.
Brach auch das Leben vieles ab,
Schwand unsrer Ideale Höhe,
...
Wir lernten außer Land und Welt
Uns selber erst mal richtig kennen –
Nun, Schatz, ein Bund der 10 Jahr hält,
Den sollen auch nicht 20 trennen!

JÜDISCHE FRAU IM WELTBAD
(Baden-Baden, August 1936)

Ich kenne Dich, wo immer ich Dich treffe,
Du müde, alte, gramgebeugte Frau,
Ich kenne Dich, wo immer ich Dich treffe,
Wenn ich in Deine leidgewordnen Augen schau.

Ich kenne Dich, wenn ich Dich auch nur höre,
Die Du die Landessprach' als eigne sprichst,
Denn aus dem Klang der Worte tönt die Schwere
Des Judenschicksals, an dem Du gebrichst.

FROHE GEWISSHEIT
(12. 6. 1937)

Hoch will meinen Kopf ich tragen,
Und ich will es jedem sagen,
Unser Herrgott ist gerecht.

Wie sie geifern, wie sie wüten,
Einmal werden sie ermüden,
Und dann geht es ihnen schlecht.

Wer die Menschen haßt, statt liebet,
Wer mit Wissen Böses übt,
Dessen Glanz stirbt über Nacht!

Voller Demut will ich warten,
Bis auch über meinem Garten
Gottes Sonne wieder lacht!

SPRECHCHOR
(undatiert)

Bruder, Schwester, reicht die Hand!
Uns umschließet all ein Band,
Eines Schicksals harte Faust
Ist auf uns herabgesaust!
Doch – wir stehen – stark und stolz,
Holz von unsrer Ahnen Holz.
Nimmer bricht uns Druck und Zwang,
Fröhlich gehn wir unsern Gang,
Wehren Stumpfsinn, Fall und Tod,
Schaffen Brot!

Wir, die wir die Jungen sind,
Bleiben nun nicht länger blind,
Treten froh als Erben an
In der Väter langer Bahn.
Was sie litten, was wir leiden,
Kann uns nur den Weg bereiten.
Alten Blutes neue Kraft
Neu in unsern Adern schafft!
Juden sind wir, Eure Saat,
Stark zur Tat!

ZEDAKA![16]

Wohltätigkeit ist Pflicht für Juden!
Nie täten wir zuviel des Guten,
Denn Gott ist's, der es uns gebot,

Daß wir dem Armen Gutes geben,
Verschönert ja auch unser Leben,
Denn seine Not ist unsre Not!

Laßt uns mit frohem Herzen spenden!
Und können wir auch das Los nicht wenden
Des Armen, der uns bittend naht, –

So soll er doch nicht länger weinen, –
Denn: Einer für Alle und Alle für Einen!
Darin liegt jüdische Hilfe und Tat!

KEHILLA[17]

Ein sterbender Vater sprach zu seinen Söhnen:
„Ihr sollt mir Stäbe zusammenbinden.
Bleibt so Ihr vereint, so kann man Euch höhnen,
Doch nie und nimmer Euch überwinden!"

Kehilla! Gemeinschaft! Das ist der Gedanke –
Wir brauchen sie doppelt in Zeiten wie heute!
Und mag auch der einzelne stürzen & wanken, –
Gemeinschaft gibt Stütze, gibt Halt und gibt Freude!

Drum wollen wir fester zusammenhalten
Als bisher, – die Not ist ein heißes Band,
Wie eine Familie, die Jungen, die Alten
Geben getreulich sich heute die Hand!

Wir wollen enger die Kreise schließen,
Kehilla hülle uns wärmend ein, –
Als Brüder und Schwestern einander begrüßen,
Dann wird unser Schicksal ein leichteres sein!

FREMDHEIT
(Breitnau, 6. 6. 1937)

Wie starr muß ich geworden sein,
Wie sehr mir selbst entwendet,
Daß ich nun ohne Worte sein
Muß, – wie mir selbst entwendet.

Mich, die des Winters leiser Ton,
Des Vögleins Jubilieren,
Ein brünstig blühend Gräslein schon
Zum Dichten konnt' verführen,

Mich, die des dunklen Tannwalds Höhn,
Des Schwarzwalds tiefe Schwere
Erhoben, wann ich sie gesehn,
Aus düst'rer Erdensphäre, –

Mir, die der Matten lieblich Grün,
Der Wiesen leuchtend Blühen,
Die Wolken, die am Himmel ziehn,
Die Seele bracht zum Glühen, –

Mir ist, als ob ein Schleier hing
Vorm Antlitz dieser Erde,
Als ob sie nun ein ander Ding –
Das nicht mehr mir gehörte!

Noch seh ich alles, was da lebt,
Baum, Gräslein, Tier und Wiese, –
Noch spür' den Sommer ich, der webt,
Noch schmeck ich seine Süße ...

Doch wenn ich nach ihm fassen will,
Der tief mir war zu eigen,
Da wird's um mich so fremd und still,
Das Land hüllt sich in Schweigen.

ICH HABE NICHT VATER NOCH MUTTER MEHR
(undatiert)

Ich habe nicht Vater noch Mutter mehr,
Ich hab keinen Menschen auf Erden,
Bei dem ich so richtig geborgen wär –
Vor dem ich zum Kind könnte werden.

Ach, man kann selber Mutter sein
Und kann drei Kinder haben,
Und einen Mann – und ist doch so allein,
Wie im Schneefeld die krächzenden Raben.

Es geht noch, wenn des Tages Pflicht
Mich spannt in ihre Sielen,
So daß den leeren Raum ich nicht
Kann stündlich schmerzhaft fühlen.

Doch wenn mit leisem Flügelschlag
Die Nacht herab sich neiget,
Und alles Tun vom lauten Tag
Verstummt – und alles schweiget,

Dann packt mein liebeshungrig Herz
Allmählich solch ein Grauen,
Es bäumt sich auf in wildem Schmerz
Und meint den Tod zu schauen.

Ach, man kann selber Mutter sein
Und Mann und Kinder haben,
Und ist im Tiefsten so allein
Wie im Winter die hungernden Raben!

LASS DICH FALLEN ...
(9. 6. 1937)

Weil ich ohne Krampf und Schwere
Einmal nur mir selbst gehöre,
Schwindet jeder falsche Ton.

Nur des Bergwinds leises Stöhnen
Bringt etwas in mir zum Sehnen
Und die Frage hör ich schon!

Laß Dich fallen, laß Dich sinken –
Nimmer wirst Du dann ertrinken
In der dunklen Qual der Nacht,

Leichter wird sich alles fügen,
Nimmer werd ich schlaflos liegen,
Sinkend in den schwarzen Schacht!

Keiner fällt hinab ins Leere,
Nur den Punkt der eignen Schwere
Find im Fallen ich zurück.

Sonne, Himmel, Windessingen
Trägt mich wie auf Engelsschwingen
Auf dem Weg zu Kraft und Glück!

ANGST VOR DEN MENSCHEN
(10. 6. 1937)

Dies wär für mich kaum zu ertragen,
Wenn ich in diesen kurzen Tagen
Nicht mehr allein sein sollt'!

Wenn all die guten Sommerstunden,
In denen ich mich selbst gefunden,
Die wert mir sind wie Gold,

Nur so ins Leere sollten rinnen!
Was soll ich dann mit mir beginnen?
Ich muß ja einsam sein!

Denn nicht in allzuvielem Reden
Von ihren abertausend Nöten
Kann ich gedeihn.

Ich brauch' nach all des Lärmes Fülle
Des Sommertages weiche Stille,
Der Matten grünes Licht.

Ich muß den Ruch der Wiesen spüren,
Ich brauch der Vögel Jubilieren,
Doch – Menschen – brauch ich nicht!

SOMMER
(1937)

Nur im Sommer kenn' ich das Gefühl,
So ein Schweben, ein Getragenwerden,
Jede Wolke wird mir dann zum Pfühl, –
Und zum Teppich wird die grüne Erde.

Jedes Ding verliert dann sein Gewicht,
Und in diesen gnadenvollen Stunden
Schwebt die Seele schwerelos im Licht,
Und das Herz ist allen Grams entbunden.

IM ANBLICK DES GLÜCKS
(Ravenna, 11. 6. 1937)

Wenn ich durch den Sommer gehe,
Treffe auf ein junges Paar,
Ihrer Augen Leuchten sehe,
Schöne Körper, warmes Haar, –

Wie sie durch die Tage schreiten!
Trunkenheit in ihrem Blick,
Jede Stunde Quell der Freude
Und das Leben – lauter Glück!

Wenn ich sehe, wie sie warten
Auf den Abend, auf die Nacht,
Die in ihrer Ehe Garten
Jedem Tag die Kron gebracht,

Möchte ich unersättlich schauen,
Satt zu werden an dem Bild,
Das mit Glauben und Vertrauen
Meiner Sehnsucht Hunger stillt.

ANGST!

Schwester, Du bist fortgegangen ...
Und die besten Freunde gehen ...
Nun ergreift mich tödlich Bangen,
Wann werd ich alleine stehen?

Täglich bröckeln neue Glieder
Aus der alten Kette ab, –
Seh ich Euch wohl jemals wieder,
Eh mir Ruhe schenkt das Grab?

Wandern, wandern, wandern müssen!
Fluch der Heimatlosigkeit!
Ehen werden so zerrissen,
Ausgelöscht so Leib wie Leid.

Herrgott, laß mir, was ich habe,
Laß mir Mann und Kinderlein,
Zwingst Du uns zum Wanderstabe,
Laß uns doch zusammen sein!

FRÜHLING 1938 FÜR GROSSSTADTJUDEN

Wie weh tut all das Blühn und Glänzen,
Ein Frühling für morbide Welt,
Sie schmücken sich mit welken Kränzen,
Von denen keiner auf den schlaffen Stirnen hält!

Sie tun noch so, als wär es gestern,
Spiel'n mit dem Hund, geh'n in's Kaffee,
Und sind doch Brüder nur und Schwestern,
Und tragen ein gemeinsam Weh!

Das ist ein Tun und ein Gehabe, ...
Sie spielen Theater und alles ist Schein –
Das, was sie waren, – sank zu Grabe,
Das, was sie sind, – woll'n sie nicht sein!

Sie sitzen auf Bänken in schönen Alleen, ...
Und ohne alt zu sein, haben sie Zeit,
Man sieht sie durch lenzliche Straßen gehen,
Doch schaut ihr Blick verloren und weit!

Wie weh tut all das Blühn und Glänzen,
Hier Leben, – dort eine sterbende Welt, –
Es sind keine Stirnen mehr da zum Bekränzen,
Und keiner, der die Gesunkenen hält.

BEIM APPELL[18]
(1938)

Sie stehn in der Nacht in Tausenderreih'n
Und frieren und lauschen und beben!
Wer wird heut unter den Glücklichen sein?
Im Ohr liegt ihr ganzes Leben!

Sie stehn in der Nacht in Tausenderreih'n,
Die Brüder in dünnem Gewande;
Hört ihr nicht ihre Seelen schrein?
„Abzählen, Judenbande!"

Ein Mann fällt, noch einer mehr, –
Der Freund und der Bruder, sie gehen!
Da wird das Herz wie Blei so schwer ...
Und Du – mußt warten und stehen!

Es weicht die Nacht, der Nebel wallt,
Im Osten will es tagen, –
Im Herzen wird es weh und kalt:
Wie lang noch muß ich's tragen?

Es stehen die Brüder zu Tausend in Reih'n,
Es krampfen sich Herzen und Hände, –
„Wann werde ich an der Reihe sein?"
Der große Appell ist zu Ende!

FÜR FRAU STEINHARD, MÜNCHEN[19]
(1939)

Kleine Frau mit warmem Herzen,
wachem Geist und auch Verstand,
reichst der Frau in Not und Schmerzen
schwesterlich die Freundeshand.

Nicht ein Dach nur den Vertriebnen,
Bett und Tisch und Raum und Herd,
Mehr, das warme Wort der Liebe
Macht dies Obdach uns so wert.

SEIT DU MICH VERLASSEN HAST
(9. 2. 1940)[20]

Seit Du mich verlassen hast,
Bin ich heimatlos geworden, –
Ach, und an so vielen Orten
War ich, ohne Ruh und Rast!

Seit Du mich verlassen hast,
Fehlt der Inhalt meinem Leben,
Ach, und nichts kann Halt mir geben,
Zentnerschwer drückt mich die Last.

Seit Du uns verlassen hast,
Trennt uns nicht bloß Land und Meere,
Eisenstarrend kämpfen Heere,
Du bist dort, – ich hier – ein Gast.

Seit Du mich verlassen hast,
Windet sich die Welt in Krämpfen,
Kriegsgeschrei und Pulverdämpfen,
Und mein Schiff hat keinen Mast.

Hast Du mich darum verlassen,
Weil ich Dich im Geist verließ?
Mußtest Du mich darum lassen,
Weil mein Herz gegen die Treue verstieß?

Und Du kannst es nicht sehen,
Wie mein Herz sich vor Heimweh verzehrt,
Ich muß ja vergehen, –
Wenn niemand den Hilferuf hört.

Und ich bin so verlassen,
So grenzenlos schaurig allein,
Ed, ich kann es nicht fassen,
Warum dies hat müssen sein!

Abends bei der Lampe Schein
Und beim Schreiben, Nähen, Lesen
Bin ich nicht so sehr allein, –
Seid ihr bei mir, liebste Wesen.

Und das Herze, süß betört,
Spürt es nicht beim Briefeschreiben,
Von allem, was es freut, beschwert,
Wie es so sehr allein muß bleiben!

ES BRAUST DER STURM, DIE NOT IST GROSS
(16. 2. 1940)

Es braust der Sturm, die Not ist groß,
Ich steh verlassen, arm und bloß,
Will niemand mich befreien?

Durch alle Fugen heult der Wind,
Wir sind ein Leib, ich und mein Kind,
Kind, hilf! Wir müssen schreien!

Der Schrei verhallt, doch ungestört.
Noch ist der Schrei uns nicht verwehrt,
Der Stein hat keine Ohren.

Geh auf die Knie mit mir, mein Kind,
Und schrei zu Gott, wie arm wir sind,
Hilf, Herr, wir sind verloren!

GEDICHTE 1940–1942

Am 22. Oktober 1940 werden Sylvia Cohn und ihre beiden Töchter Myriam und Eva zusammen mit den anderen badischen Juden in das südfranzösische Lager Gurs deportiert.

IM LAGERHOSPITAL

Ein Herz, das – seit es lebte – schlug,
Die schwerste Last der Pflichten trug,
Nach Rettung schrie es, – liebesleer –
Doch keiner, keiner gab Gehör.
Da ward das heiße Herz ihr kalt,
Und um die Lippen legt sich bald
Ein Zug von Bitternis und Qual,
So liegt die Frau, – allein im Saal.

Besucher plaudern, sie kommen und gehn,
Was weiß der andre von deinen Wehn?
Bett zwanzig schweigt, – die Träne rinnt,
Es sieht's ja keiner, nicht Mann und nicht Kind.
Sie blickt auf zwei Bilder, von Tränen schwer,
Der Mann und die Kinder und doch niemand mehr!

Und dennoch, dennoch – so allein –
Den Saal durchflutet Sonnenschein ...
Besuchszeit aus! Die Menschen gehn.
Bett zwanzig kann es nicht mehr sehn.
Sie legt den Kopf still in die Hand
Und dreht sich um – Blick nach der Wand.
Besuchszeit aus!

ED, DU KANNST ES NICHT SEHEN
(13. 2. 1941)

Ed, du kannst es nicht sehen,
Wie mein Herz sich vor Heimweh verzehrt,
Ed, ich muß ja vergehen,
Wenn niemand den Hilferuf hört.

Ed, ich bin so verlassen,
So grenzenlos schaurig allein,
Ed, ich kann es nicht fassen,
Warum dies hat müssen so sein!

Abends bei der Lampe Schein
Und beim Schreiben, Nähen, Lesen
Bin ich nicht so sehr allein,
Seid ihr bei mir, liebste Wesen!

Und das Herze, süß betört,
Spürt es nicht beim Briefeschreiben,
Von allem, was es freut, beschwert,
Wie es so sehr allein muß bleiben!

Vor mir steht Dein liebes Bild,,
Und ich seh in Deine Augen,
Bis der Strom der Tränen schwillt
Und sie nicht zum Schreiben taugen.

Doch wenn dann in langer Nacht
Endlos Schwärze mich bedrücket,
Und mein Herz vor Gram erwacht,
Und die Seel vor Gram zerstücket,

Spür ich grauenvoll die Pein,
Wie sie ist und ohn Verschönen:
Gefangen bin ich und allein,
Allein, mit meinem tiefsten Stöhnen.

FRL. DALLHEIM ZUM ABSCHIED
(3. 12. 1941)

Lange hast Du Dich gesehnt,
Endlich wird es wahr,
Und was endlos Du gewähnt,
Geht zu End, dies Jahr.

Ach, was hat man uns getan,
Qual und Not und Pein.
Und wir trugen's, Frau und Mann,
Nun bin ich allein.

Doch nicht Trauer füllt den Sinn,
Tut auch der Abschied weh,
Ziehe, ziehe froh dahin,
Zieh nach Übersee!

Und verkünde tausendfach,
Was man an uns tut,
Hunger, Kälte, Härte, ach
Qualen bis aufs Blut!

Rufe, Freundin, rufe laut,
Wecke Taube auf!
Daß man auf uns Ärmste schaut,
Rettet uns zuhauf!

Rettet uns, eh es zu spät,
Helft, ach helft sofort,
Nicht daß der Wind dies Wort verweht,
Ich sag Euch, es ist Mord.

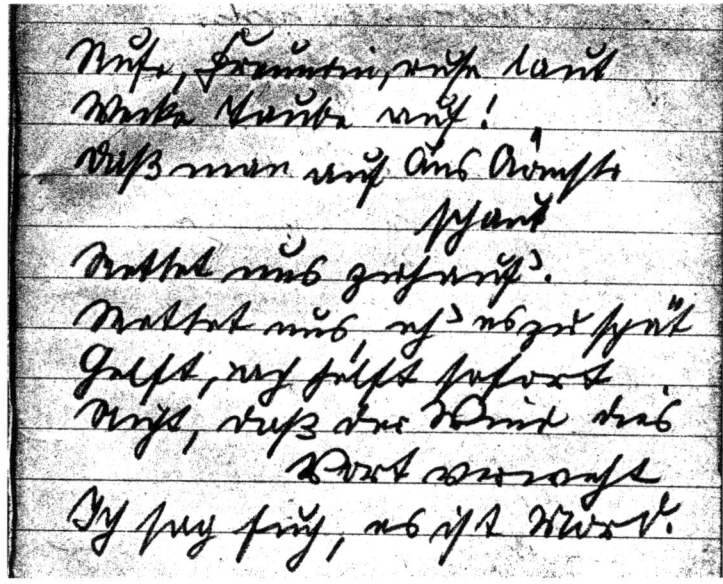

„Ich sag Euch, es ist Mord." Letzte Zeile des Gedichtes.

1. TAG SCHEVUOS[21]
(Juni 1941)

Trage meine Grüße, Wind,
Zu Dir, mein Mann, zu Dir, mein Kind!
Fühlend, wie zur selben Stunde
Jeder aus geweihtem Munde
Altvertraute Weisen hört, –
Binden über Land und Meere,
Macht mir leichter heut das Schwere,
Wenngleich Heimweh mich verzehrt.
Weiter seidenblauer Himmel!
Nur der Blümlein zart Gebimmel
Ist im Gottesdienst der Chor.
(unleserlich) ... sanft begrenzen
Unsere Heimat, Meeres Glänzen
Freut das Aug', hebt uns empor!

Nur ein Tischlein auf der Wiese!
Arm bedeckt! Es trägt die süße
Unsre Thora, heil'ges Gut!

Und in tiefbewegten Tönen
Fleht des armen Volkes Sehnen,
Bittet Gott mit schwerem Blut.

Ach, die Männer, ach, die Frauen,
Die mit heißen Augen schauen

Auf zu Gottes hohem Thron:

Abgemagert, eingefallen,
Hunger, Not und tausend Qualen
Zeichnen ihre Züge schon!

Kinder, junge, deren Augen
Tief aus hohlen Wangen schauen,
Hocken still und blaß umher, –

Feiertag! Sie sollen beten,
Leben doch in tausend Nöten,
Und ihr Herz weiß Gott nicht mehr!

Vater, Gott, ich möchte schreien,
Wann, wann wirst Du uns befreien?
Wann erhörst Du unser Flehen?

Feiertag! Die Melodien
Altvertraut zum Himmel ziehen,
Und wir können Gott nicht sehen!

DER 20. DEZEMBER 1941. CHANUKKAH - INFIRMERIE[22]
(Eine Erinnerung an die vergangenen drei Jahre seit der Rückkehr
Eduards aus Dachau an Chanukka 1938)

Einmal, o Gott – da hast Du mich erhört –
Zertreten lag ich da und krümmte mich vor Pein:
„Gib mir den Mann zurück! Es kann, es darf nicht sein,
Daß Bosheit, Haß und wilde Raserei
Dies arme Lebensschifflein brechen mir entzwei.
Gib mir den Mann zurück!" – Da hast Du mich erhört,
Hast mir im tiefsten Winter den goldnen Tag beschert!

Verzagten Herzens stand ich, um mich der Kinder Schar,
Verzweifelnd schier umwand ich ihr braun und blondes Haar,
Und uns're Tränen flossen, nichts hielt sie mehr zurück,
„Gib uns, o Gott im Himmel, den Vater doch zurück!"
Der Tag war grau und düster, ohn Ende fiel der Schnee,
Und in den wunden Seelen, da wühlte wild das Weh.

Da plötzlich hört ich rufen: „Mutti, ach Mütterlein,
Der Vater ist gekommen!" Ja, kann das möglich sein ...
Ich sprang, ich flog zur Türe, da hielt ich ihn im Arm,
So mager, so verkommen, zerquält und voller Harm.
Der Mann, der nie geweint hat, der weint in dieser Stund,
Auch meine Tränen flossen so recht von Herzensgrund!
Doch welch ein Glück ich fühlte! Mein Herz war heiß vor Freud,
Ich dankte unsrem Gotte, der von mir nahm dies Leid.

Ich hab, ich hab Dich wieder! Was Schnee! Was Wintertag!
Du bist mir heimgekommen! Nun komme, was da mag!
Und was so heiß ich fühlte, den Dank, das tiefste Glück
Strahlt aus der Kinder Augen wie Sonne mir zurück.

Ich rüstete zum Feste, ich tat es wie im Traum,
Das Köstlichste, das Beste war gut genug mir kaum,
Die Tafel heut zu schmücken, denn heut ist Feiertag,
Im Glück wollt ich beglücken, zu End war ja die Plag.

So tief hatt ich gelitten, um Dich, geliebter Mann,
Daß fest ich drauf vertraute, nichts mehr uns trennen kann.
Ach Gott! Es war nur Täuschung, mein kindergläubig Herz
Empfing an dieser Wunde erneut den tiefsten Schmerz.

Es kam im goldnen Frühling der schönste Monat Mai,
Da brach mein Lebensschifflein erneut so ganz entzwei.
Du gingst! Ich stand verlassen mit meinen Kindern da,
Bei Fremden, die mich hassen, und keiner war mir nah.
Du gingst! Ich konnt's nicht fassen, – und liesest uns allein,
Und ungehört verhallte mein Bitten, Rufen, Schrein!

Ein Sturm zog auf am Himmel, der wilde Krieg brach aus,
Das blutige Schlachtgetümmel jagt uns von Hof und Haus.
Die Mutter schnürt das Bündel, die Kinder an der Hand,
Verließ sie weinend alles, was sie noch „Heimat" nannt.
Gar Tausende von Menschen zwang dieser Krieg zur Flucht,
Sie haben Brot und Obdach gefunden und gesucht.

Voll heißer Rührung denk ich manch edler Frauen heut,
Jüdinnen, edle Schwestern, erleichterten mein Leid,
Denn nicht nur Brot und Obdach, sie schenkten mir ihr Herz!
Und halfen so der Armen ertragen ihren Schmerz.
Im Flug vergingen Monde, – da schickt man uns zurück.
Wir kamen in die Heimat und fanden Stück um Stück,
's war alles da, – nichts fehlte, doch war's so kalt, so leer,
Das Haupt, der Vater fehlte, 's war keine Heimat mehr.
Ich räumte und ich rückte, schob dort und stellte hier,
Doch nichts mir wieder glückte, der Vater fehlte mir.

Da nahm ich meine Kinder und holt'nen Blumenstrauß,
Im Herzen leise hoffend, er brächte Sonn ins Haus.
Bunt leuchteten die Blüten zur lichten Augenweid,
Doch – kam ins Herz kein Frieden, und in die Seel nicht Freud!

So schlichen Tag um Tage, und Mond um Monde hin,
Die Seel voll Gram und Plage, und kummervoll der Sinn.
Getrennt von meinen Kindern durch Hitlers Bosheitstat,
Die fern zur Schule mußten, litt ich von früh bis spat.
Ich war ja so verlassen, so jämmerlich allein,
Und konnt's und konnt's nicht fassen, dass dies hat müssen
sein.

Der Teufel schraubt' die Zangen, wie hat er uns gehetzt,
Und immer härtern Zwängen hat man uns ausgesetzt.
Je mehr der Kriegslärm dröhnte, er fand noch für uns Zeit,
Er quälte, schlug und höhnte, er wälzte uns im Leid.

Er nahm uns, was er wollte, Beruf, Vermögen, Brot,
Den Schmuck mitsamt dem Golde, stürzt uns in bittre Not.

Und doch hielt man umklammert in all der Seelenpein
Das letzte, was man hatte: das Nest, das eigne Heim.
Kanonendonner dröhnte, Sirenen heulten laut,
Man glaubte sich geborgen, man hat auf Gott vertraut.
Die Flieger warfen Bomben, es tobt das Kriegsgebraus,
Ich fühlte mich geborgen: mein Heim, mein Schutz, zuhaus.

Da saust der Blitz hernieder! Auch dies war noch zuviel!
„Er" sann auf Bosheit wieder – die Juden waren's Ziel:
Still tat ich meine Arbeit, ein Tag im Spätherbst war,
Da drang zu mir ins Zimmer des Teufels Häscherschar.
„Macht schnell, es ist zu Ende mit Eurer Herrlichkeit!
Packt Hemd und Kleid zusammen, ihr habt 'ne Stunde Zeit!
Doch lasst nur alles liegen, was lieb euch ist und wert,
Ihr lernt den Rücken biegen – ich sag's. Ihr habt's gehört!"

Da macht's der jähe Schrecken, daß ich nicht Angst mehr spür',
„Die Kinder, meine Kinder, die sind ja fern von mir,
Trennt mich nicht von den Kindern, ach, tut mir das nicht an!"
So fleht ich auf den Knien. „Ihr seid doch Mensch und Mann!"
Doch alle meine Bitten, die haben nicht gerührt –
Ich ward nach einer Stunde ohn' Mitleid abgeführt.
Das Bündel auf dem Rücken, die Tasche in der Hand,
Ein Stücklein Brot darinnen, so ließ ich Heim und Land.
Mein Gott, du hast's gesehen, was man mit uns getan,
Du ließest es geschehen, an Kind und Frau und Mann!

Nach langen bangen Stunden voll Not und Herzenspein,
Hab ich im Zug gefunden zwei meiner Kinderlein.
Ich dankte Gott erschüttert! Doch war mein Herz so wund,
Weil ich mein drittes Kind doch verlassen sah zur Stund.
Der Bettelstab, das Bündel, zwei Kinder noch von drein –
Allein und ohn Beschützer – der Rest vom „Glücklichsein".

So führten dunkle Züge durch rabenschwarze Nacht,
In unbekannte Ferne gar traur'ge Menschenfracht.
Wir fuhren und wir fuhren der Tag und Nächte viel,
Durch Frankreichs schöne Gauen, da – endlich kam das Ziel.
Man bracht uns in ein Lager, der Freiheit ganz beraubt,
Wir wurden krank und mager, die Zange ward geschraubt!
Man band den Gürtel enger und betete zu Gott –
Die Zeit wird lang und länger und immer steigt die Not!
Wir waren voller Hoffen auf Frankreichs Menschlichkeit –
Wir wurden tief getroffen auch hier von Haß und Leid.

O Gott! Ich sah erbleichen bei meinen Kinderlein
Zum Kummer ohnegleichen der Wangen Rosenschein.
Ich konnte Brot nicht geben, nach dem es sie verlangt,
Das griff mir nach dem Leben: Ein Kind, das hungert, bangt.
Ich bat, ich schrieb, ich flehte, doch es verstrich viel Zeit –
Das Mutterherz in Nöten, bis endlich sie befreit!
Nun sind sie mir geborgen, sie sind im Kinderheim,
Und meines Herzens Sorgen sind bei dem Kind allein!
Die Tage, Wochen schwinden, ich bin verlassen sehr.
Ich kann nicht Ruhe finden, hab keine Hoffnung mehr.

Einundeinviertel Jahre währt die Gefangenschaft!
Ergraut sind meine Haare, geschwunden meine Kraft.
Bin wie ein Baum im Winde, der Sturm darüberweht,
Herr Gott, hilf Deinem Kinde doch ehe es zu spät.
Ein Sandkorn nur im Meere, das Wasser ist so kalt!
Erhöre, Gott, erhöre! Erlöse mich doch bald!
Bin wie ein Sternenschnuppen, gejagt durchs Weltenall, –
Fang mich in Deinen Armen, o Gott – vor tiefem Fall.

Wie lang noch soll ich flehen? Getrennt von Kind und Mann
Dich um ein Wiedersehen? Und Du siehst mich nicht an?
Wie lang noch muß ich büßen für ungekannte Schuld?
Ich lieg zu Deinen Füßen, – Herr Gott, ach, schenk mir Huld!
Der schönste Tag des Lebens jährt sich zum dritten Mal.
Der Gatte kam mir wieder, zu Ende war die Qual.
Wann werden wir's erleben, ich und die Kinderlein,
Das Ziel von allem Streben, in Freiheit froh zu sein?
Wann wird die Stunde nahen, zutiefst herbeigesehnt,
Der „20. Dezember", der bindet, was getrennt?
Wann werd ich wiedersehen, Dich, Du geliebter Mann,
Euch, meine Kinder, alle – o sage, Gott, mir wann?
Wann darf ich je Dich fühlen, des Lebens höchstes Glück?
Wann kehrt zu mir die Liebe ins arme Herz zurück?

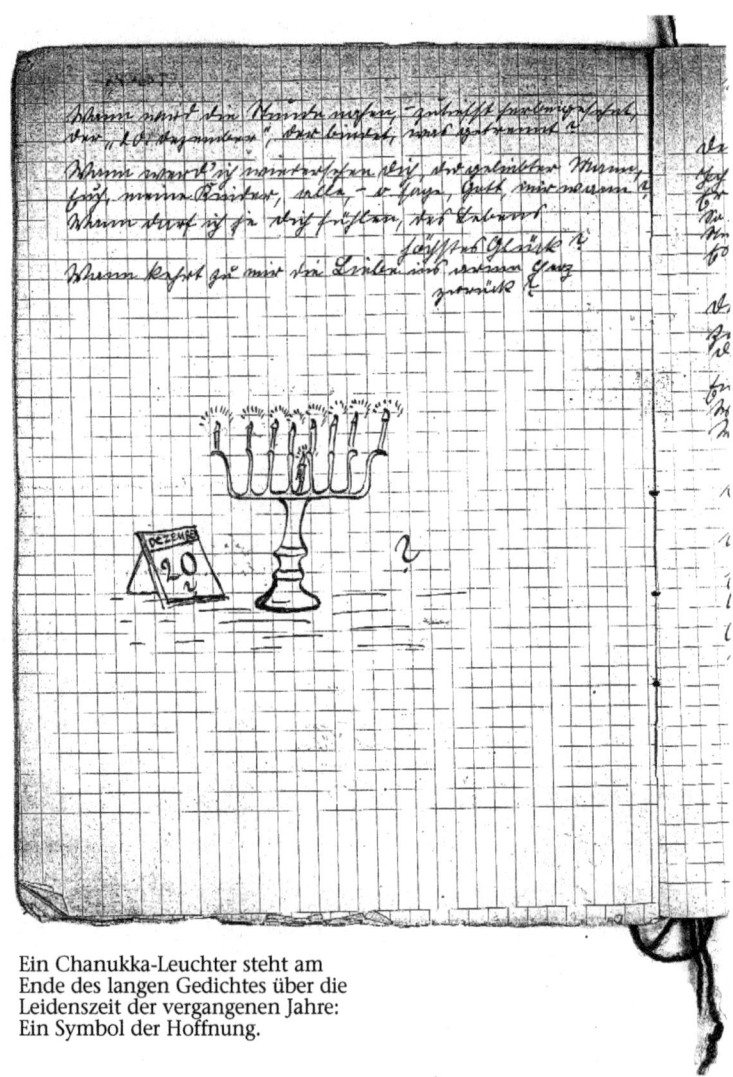

Ein Chanukka-Leuchter steht am
Ende des langen Gedichtes über die
Leidenszeit der vergangenen Jahre:
Ein Symbol der Hoffnung.

CAMP DE GURS, BASSES PYRENEES,
ILOT I, BARAQUE 8
(1940)

Der Regen hämmert auf das Dach,
Ich lieg im Stroh und bin so wach!
Ich lieg und kann nicht schlafen.

Es braust der Sturm, der Donner grollt.
Was hat der Herrgott nur gewollt,
So gräßlich uns zu strafen?

Es wächst der Schmutz, es steigt die Qual,
Verloren sind wir allemal,
Wir hungern und wir beten.

Es strömt der Regen durch die Nacht.
Mein Gott, wann, wann ist es vollbracht?
Ach, nimm es, dieses Leben.

WUNDER IN RIVESALTES[23]
(11. 3. 1942)

Der Frühling ist in mein Zimmer gekommen,
Ich habe ihn fest an mein Herz genommen,
Er hat es erwärmt und aufgetaut,
So dass es gläubig neu vertraut!
Nun fühlt es nimmer, wie allein
Es ist, – und muss nicht traurig sein.

Der Frühling ist auch in das Lager gekommen
Zu uns, von denen man alles genommen,
Das wärmende Kleid, das Bett, das Brot,
Einzig nur treu blieb uns die Not,
Wohin wir treten, Steine, Stein' –
Wie kann ein Land so öde sein?

Und doch! Auch zu uns ist der Frühling gekommen
Und hat uns fest an sein Herz genommen,
Er zeigt uns, wie der Himmel blaut –
O Amselschlag, o Vogellaut,
O Blütenbaum im Sonnenlicht –
Nein, unser Gott vergisst uns nicht!

SEI STARK, MEIN HERZ
(11. 3. 1942)

Sei stark, mein Herz, und hab Geduld.
Ist auch Dein Sehnen ungestillt,
Noch stehn wir mitten auf der Leiter,
Noch geht das Klettern mühsam weiter,
Und noch ist nichts erfüllt!

Sei stark, mein Herz, und hab Geduld,
Nur Triebkraft sei das Hoffnungslicht ...
Du mußt noch lange, lange warten
Und tragen all die vielen harten
Fußtritte des Schicksals, verzweifle mir nicht.

Sei stark, mein Herz, und hab Geduld,
Du mußt ja durch zum Ziel.
Ein Rosenschein am Firmament
Gibt Ahnung, dass es doch zum End
Des Leidens kommen will.

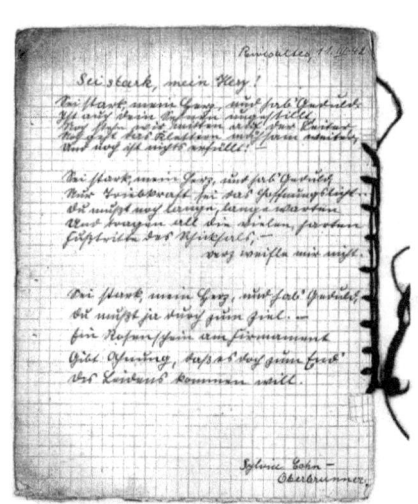

Heft mit den letzten
Gedichten: Sei stark, mein
Herz, und hab Geduld.

Im März 1942 stellte Sylvia Cohn im Lager Rivesaltes noch ein Gedichtheft zusammen für ihre Kinder Myriam und Eva. Sie nannte es *„Von Gestern und Heute"*: „Ihr wißt, daß alles, was ich schrieb, zurück ich mußte lassen. (…) Was ich in diesem Heft Euch gab, schrieb die Erinnerung nieder, und weckte so aus ihrem Grab, manch alte Mutti-Lieder!"

Eva Mendelsson: „Das letzte Lied, das meine Mutter mit mir gesungen hat, war: „Kein Feuer, keine Kohle kann brennen so heiß, als heimliche Liebe, von der niemand nichts weiß." Das hat sie mir gelernt, ich erinnere mich, wie wir im Lager in Rivesaltes umhergegangen sind, ich an ihrer Hand. Es ist meine letzte richtige Erinnerung, die ich sehr liebe, an meine Mutter. Natürlich hat sie uns auch noch ihre Gedichte hinterlassen. Wenn ich darin lese, ist es wie ein Gespräch mit ihr."

MEINEN KINDERN!

(…)
Wisst, dass die Mutter lieb Euch hat
Und schickt Euch ihren Segen, –
Und wenn Ihr wendet Blatt um Blatt
Wird sich „die Heimat" regen:

Vergesst sie nicht, vergesst sie nicht,
Laßt's Euch von Mutti sagen,
Es war auch Freude und viel Licht
In unsern alten Tagen!

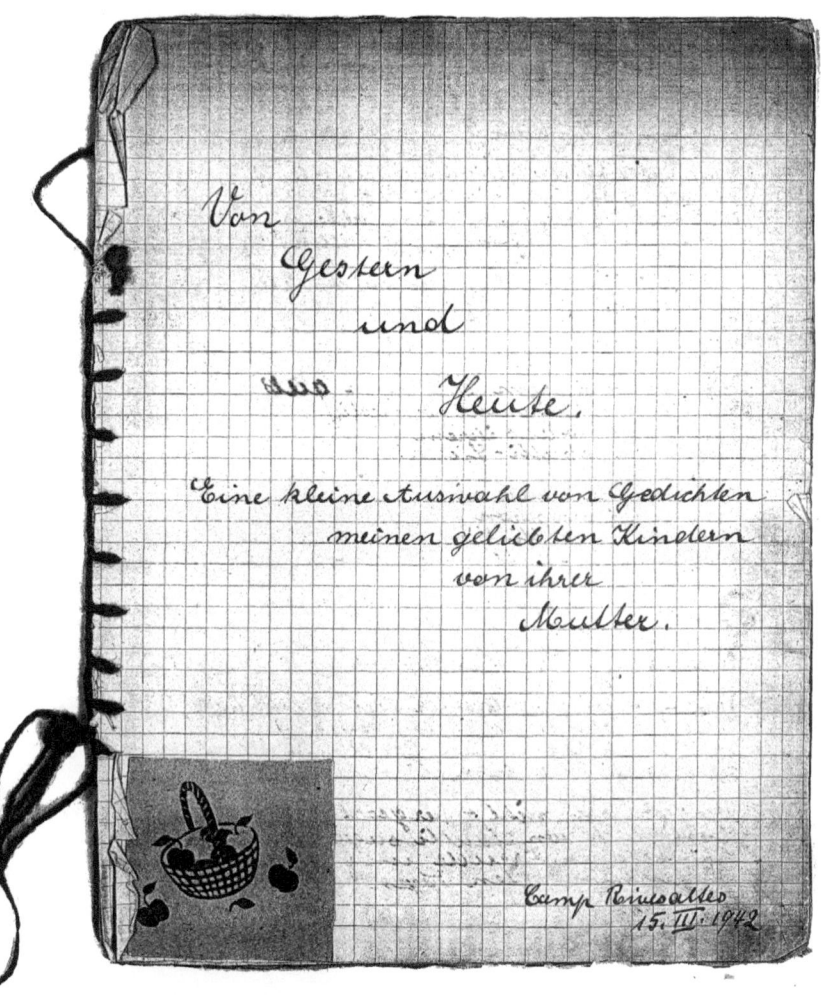

Von Gestern und Heute. Gedichte aus
dem Lager Rivesaltes 1942 für die
Töchter Myriam und Eva

AUSGEWÄHLTE BRIEFE

Brief an die ältere Schwester Hilde in Palästina,
Samstag abend, 1. Oktober 1938, Offenburg

Hildeschwester!

Ed ist ins Cafe Weil[24] gegangen, und ich sitze hier am Tisch (die Kinder schlafen bereits) mit dem einzigen Vorsatz für heute abend, mit Dir, Geliebtes, zu sprechen.

Eine Woche ist heute zu Ende, — eine Woche, die ich, die wir alle (wir = Menschheitsfamilie) wohl nie im Leben vergessen werden! Um eines Haares Breite kaum vom Krieg getrennt zu sein, vom Krieg, vom Entsetzlichsten, was es überhaupt geben kann ... und hier, so nah der Grenze! Hilde, es war furchtbar. Dem Himmel sei tausend Dank, daß man sagen darf: „es war".

Diese entsetzliche Nervenanspannung der ganzen letzten Wochen, dann diese dramatische Woche, an deren Ende ich Dir jetzt schreibe, und im allerletzten überhaupt noch möglichen Moment die Viererbesprechung in München, und gestern Freitag früh die erlösende Botschaft: Einigung, es wird kein Krieg sein! Hilde, wenn Gedanken Kräfte sind, so müßt ihr drüben überm Meer das Aufatmen der gequälten Menschen Europas gespürt haben.

Noch zittert man an Leib und Seele, noch sind die gerichteten Koffer nicht wieder aufgeräumt und verstaut, die gerichtete Wäsche (das Nötigste) nicht wieder an seinen Platz zurückgebracht, aber das arme Herz, das weiß, daß doch für es nun nichts, nichts geändert ist, dies arme Herz wagt einen leisen Jubel und ein tief demütig „Gott sei Dank!".

Und so sehr aus dem trübseligen Konzept ist es geraten, dies Herz Deiner müden, alt werdenden kleinen Schwester, daß es jetzt wieder mal bald hüpft wie ein flatternder Vogel, bald so leise und langsam geht, völlig, als wollte es einschlafen! Es gibt nichts auf der Welt, nach dem sich meine geplagte Seele mehr sehnt als nach Frieden, innerem und äußerem Frieden.

Offenburg, 28. 12. 1938

Liebe gute Hilde,
inzwischen hast Du hoffentlich meine Karte vom 21. 12. erhalten, worin ich Dir die frohe Botschaft von Eds Heimkehr *(Eduard Cohn war während der Pogromnacht 9. – 10. 11. 1938 inhaftiert und mit den anderen männlichen Juden Offenburgs nach Dachau deportiert worden; die Männer wurden nach vier bis sechs Wochen wieder entlassen mit der Auflage, über den Aufenthalt zu schweigen und umgehend die Auswanderung vorzubereiten)* schnell berichtete. Die Post zwischen Dir und mir funktioniert ja in den letzten 6 Wochen recht sehr unregelmäßig. So bekam ich glücklich 3 Karten von Dir mal an einem Tag ... Auch diesen Brief hättest Du schon früher kriegen sollen. Aber der Teufel hat's gesehen, seit Edelmann wieder da ist, hat mich recht die Freude und das Glück des „Sichwiederhabens" so konfus gemacht, daß an einen ordentlichen Brief nicht zu denken war, – und nach den ersten Tagen (die bestimmt die bisher glücklichsten meines Lebens waren!!!) war es die viele Arbeit,

die mir der Großbetrieb unserer Familie jetzt macht, sind wir doch alle vollzählig, einschließlich Myriam, deren Reise nach England voraussichtlich 5. oder 6. Januar losgeht. (...) Heute hatten wir hier die 4. Beerdigung in den letzten 6 Wochen. Es war auch eine Überführung. Zum ersten Male wieder sah man den größten Teil der Kehillah – auf dem Friedhof. Alles war in das Leichentuch des Winters gehüllt, lautlos weißer Schnee ...

Eduard und Sylvia Cohn an Hilde, Offenburg, 22. Mai 1939 *(Eduard Cohn war bereits dem Transport 30./31. Mai 1939 nach England zugewiesen, seine Abreise stand also unmittelbar bevor)*:

Liebe Hilde, ich fand es prächtig, daß Du Dich auf die Bahn gesetzt hast, um zu B.C. (?) zu fahren in der Hoffnung, er könne auch jetzt etwas für mich tun. Vielen Dank für Deine Bemühungen. Ich werde nun in den allernächsten Tagen ins Camp nach England abreisen, das Permit ist nun doch gekommen, und obgleich der genaue Abreisetermin noch nicht festgelegt ist, vermute ich, daß der Transport kurz nach Pfingsten abgeht. Wegen der Zertifikatslage sieht man in der Meinekestr. völlig unklar. Von der April-Schedule ist nicht ein einziges Zertifikat nach Deutschland gekommen, die meisten bleiben in Erez und einige wenige kamen für Chaluzim[25], die auf Auslandshachscharah[26] sind. Man redet jetzt von 75 000 Zertifikaten für die nächsten 5 Jahre, von diesen werde ich sie erhalten und zwar nach den Zusicherungen der Meinekestr. von den ersten. Ich werde nicht aufhören, das Palästina-Amt an die Zusicherung zu erinnern, denn ich will so rasch als möglich mit meiner Familie wieder zusammen. In Sachen des Camp hat das Palästina-Amt die Verpflichtung der Behörde gegenüber übernommen, für meine Weiterwanderung in längstens 90 Monaten zu garantieren. Aber es muß keine 9 Monate dauern. Im Camp werden Sprachen gelernt, desgleichen besteht die Möglichkeit, sich in einem Beruf vorzubilden. Was ich eigentlich lernen werde, ist mir selbst nicht klar. Nun habe ich Dir von mir alles erzählt, das Wichtigste ist aber das Schicksal von Sylvia und den Kindern. Zur Zeit sind alle 3 in Freiburg, d.h. bis morgen. Die Kinder erscheinen morgen und bleiben bis 5. Juni bei der Mutti. Es bestehen z. Zt. Möglichkeiten, Esther und vielleicht Mirzel *(Myriam)* auf 2 Jahre in Dänemark unterzubringen. Diese Gelegenheit ist einmalig durch eine Kindergärtnerin, die der Jugendhilfe, auch Meinekestr., nahe steht. Falls dieses klappt, sollen beide alsdann nach Dänemark und kommen später direkt nach Erez. Ich würde in diesem Fall versuchen, meine Frau und Eva nach England zu bekommen, falls die Wartezeit zu lang wird! Das Schlimmste an allem ist die Ungewißheit.

Von Erez haben wir dieser Tage viel Radiomeldungen gehört. Oh, ich kann die Ablehnungen des Weißbuches sehr wohl verstehen, und ich nehme auch an, daß dieses Weißbuch das gleiche Schicksal erfahren wird, wie der Pech-Bericht, den ich in letzter Zeit eifrig studiert habe. Beim Pech-Bericht haben wir damals gesagt, daß es noch nie in der Geschichte der Fall war, daß ein Staat gegen den Willen der Angehörigen gegründet wurde. Damals war uns Juden der Umfang des Judenstaates zu gering, und heute? Wenn Araber und Juden den von den Engländern projektierten Palästina-Staat ablehnen, dann wird auch dieser Plan niemals Realität werden. Also was soll werden? Ich glaube, daß noch keinem Volk etwas je geschenkt wurde. Und glaube, daß die Zukunft unseres Judenstaates nicht von Kommissionen und nicht von Weißbüchern und nicht von Berichten abhängt, die endgültige Gestaltung wird von uns selbst und von dem Weltgeschehen abhängen, dem die Menschheit mit Riesenschritten zueilt. Deine mutigen Kinder, liebe Hilde, zeigen den Weg. Konferenzen kommen und gehen, der in Besitz genommene Boden wird verteidigt, und so leicht geht dieser nimmer mehr verloren. Hierzu gehören tatkräftige Menschen, und ich beglückwünsche Ernst und Fritz zu ihrer neuen Alijah und wünsche ihnen gutes Gelingen zu ihrem Aufbauwerk! Ich will schließen, denn meine Sylvia, die die letzte Hand an meine Sachen legt, die Freitag zollamtlich gepackt werden, wird ungeduldig. Viele herzliche Grüße an Dich, Ernst und Fritz, Dein Ed

Gutes Schwesterle! Ich bin zwar wirklich und ehrlich todmüde. Aber der Brief muß fort, damit Du nicht länger warten mußt. Innigen Dank, Hildele, für Deine Reise nach Tel-Aviv! Ed geht nun doch ins Camp! Und mir ist gar so ach und weh. Und da soll man sich noch „freuen", sagen die Leute, wenn man so mutterseelenallein und verlassen hier bleiben muß! Ich hab so Angst um unsere Irma, die sehr krank ist, das Herz! Wenn sie doch wieder gesund würde!

Offenburg, 16. 7. 1939

(...) Es sieht zur Zeit für uns trüber aus als je. Die 100mal ver-
fluchte illegale Einwanderung, die, mir völlig unverständlich,
noch von gewissen ... unterstützt wird! Verboten gehören die
Verbände, die das Treiben unterstützen! Die Anständigen lei-
den, wie immer, darunter bitter Not. (...) Hilde, es kann ja kei-
ner was dafür, wie die Saiten seiner Seele gestimmt sind, das
hat der Instrumentenbauer zu verantworten. Ich wollte selbst,
ich hätte ein leichteres Leben, und müßte nicht immer mit
einem Kloß im Hals und Stein im Herzen herumgehen!

Offenburg, 26. 7. 1939

Gutes Hildelein, ich will die ruhige Abendstunde dazu benüt-
zen, Dir zu schreiben. Die Kinderle sind jetzt alle in den Ferien
daheim. Zuerst mußte ich mich nach all der großen Einsam-
keit wahrhaftig wieder an den Betrieb gewöhnen. Doch das
hatte sich schnell, und ich bin herzlich froh, sie hier zu haben,
jetzt weiß ich doch wenigstens wieder, warum ich morgens
aufstehe, und es tut meinem Herzen wohl, wieder Lachen,
Schreien und – Leben um mich herum zu spüren. Wird es doch
wahrscheinlich auf lange hinaus das letzte Mal sein, daß wir
so, in unserem Heim und „selbständig", zusammen sein kön-
nen. Ich möchte die Gabe besitzen, die mir seit je gefehlt hat,
die guten Stunden des Lebens bewußt genießen zu können,
ohne die ewige Furcht der Voraussicht im Herzen, den

Kassandrablick, um sie hernach als Kraftreservoir benutzen zu können, wenn es so nötig ist.

Die Kinder sind sehr gewachsen und sehen G.s.D. gut aus. Doch gefällt es ihnen wieder ausgezeichnet daheim, besonders Esther, die schon reichlich genug vom Fortsein hat!

Die dänische Sache hat inzwischen leider noch keine Fortschritte gemacht. Wir hören nichts als die Vertröstung, es sei noch nicht entschieden, man müsse sich gedulden und warten, warten, warten. Ich habe nicht mehr sehr viel Hoffnung darauf. (...)

Ed hat sehr viel Dienst, sehr viel Sprachunterrichtung und schon wieder in seiner kargen Freizeit führt er eine zionistische Gruppe im Lager. Ich glaube, es sind Chaluzim, die er betreut. Und immer wieder singt er das Hohelied der Kameradschaft. Dies sei ein wundervolles Kapitel dort. Und das andere Wundervolle, das ihm allen Respekt und große Bewunderung abnötigt, das sei die Hilfsbereitschaft, Opferbereitschaft und das menschliche Entgegenkommen, das die Engländer diesen Refugees entgegenbringen. Einfache christliche Arbeiter lassen sich dort 2–3 Schilling von ihrem kargen Wochenlohn abziehen für die Flüchtlinge, Kinderle bringen einzelne Pennys, soviel sie eben können, in der Schule wöchentlich ihrem Lehrer, für denselben Zweck. Lehrer und Lehrerinnen kommen viele Kilometer weit angefahren ohne jede Vergütung, um die Männer in Englisch und Sprachen zu unterrichten. (...) Hier schmilzt unsere Gemeinschaft rapid zusammen. Gemeinde kann man schon fast nicht mehr sagen. Die nächsten, die gehen, werden Hans mit Familie und Ludwig mit

Familie sein. Beide packen nächste Woche und ziehen dann mit Kind und Kegel die letzte Zeit zu mir als Unterschlupf! Heute muß man hilfsbereit sein, wie es auch geht. Wo sollen die Menschen auch bis zur Abreise hin? Hotels kommen längst nicht mehr in Frage. Und in die Anlagen können sie sich auch nicht setzen, erstens ist es da nachts kalt und zweitens geht auch das nicht mehr. Halte mir den Daumen, Gutes, daß ich bis zur Auswanderung hier wohnen bleiben darf.

Du wohnst jetzt in Haifa, hast Dich hoffentlich inzwischen gut eingewöhnt und ein nettes Fleckchen erwischt! Haifa war mir immer schon sympathisch! Wenn es nur endlich ruhiger würde bei Euch! Es ist entsetzlich! (...) Amerika rückt wieder näher, und ich befinde mich in einem Zustand wie oft als Kind im Traum, – ich schwebe, von Grauen gepackt, frei im Raum, keinen Boden unter den Füßen, keinen Halt in der Luft, und nicht mal ein Ziel vor Augen. Sage selbst, Hilde, ohne Kritik an meiner „Mollseele", wie empfändest Du an meiner Stelle? Der Herrgott soll uns helfen. Er soll Friede sein und werden lassen auf diesem gequälten Planeten, und er möge jedem seiner Kinder doch ein Plätzchen zum Atmen gönnen! Nun aber endlich Schluß. Grüße Deine Söhne und Dir innige Küsse.

Deine Sylvia.

Offenburg, 16. 8. 1939

Liebe, gute Hilde, trotz meiner großen, großen Müdigkeit und meiner unsäglich schmerzenden Füße (ich war mit Estherle in Gengenbach und von dort aus tief im herrlichen Wald, weil

Evele bei Mina in Neuweier und Mirz bei ihren Pflege-Leuten in Mannheim ist) will ich Dir schnell vor dem Zubettgehen noch schreiben, denn morgen geht es wieder nicht. (...) Bete doch mit mir um Schalom! Meine Angst ist schrecklich.

München, 30. 10. 1939

Liebe, gute Hilde,
ich muß direkt tasten, um einen Anfang zu finden, wie und was ich Dir schreiben kann, – nach so langer Zeit des unfreiwilligen Stillschweigens. Gebe Gott, dass diese Zeilen, wenn auch auf großen Wegen, Dich doch erreichen. Ich schicke sie, mein Liebes, an Hans und hoffe, dass Du sowohl von ihm als auch von Liesel über unseren Aufenthalt und unser Ergehen unterrichtet bist! Vielleicht weißt Du auch von dem schrecklichen Hangen und Bangen Ende August und Anfang September ... und wie dann plötzlich die gesamte Kehilla[27] verschwunden war, – auf spanisch – ohne so eine arme Sylvia mit ihren zwei Kindern auch nur der Benachrichtigung für wert zu halten! Geschweige denn, daß sich der Barnes[28] und alle die anderen auch nur mit einem Gedanken darum gekümmert haben, was ich etwa anfangen könnte, wo wir etwa einen Unterschlupf finden würden! – Schwamm drüber, Hilde! Eines Tags war ich mit meinen Kindern allein in Offenburg, nur Frau Dr. Wiegand[29] und Herr und Frau Spitzer[30] waren noch da! Dann kamen einige eklige Wochen, während welcher ich mich vergeblich bemühte, mit den Kindern ins Innere zu kommen.

Inzwischen erfuhr ich, dass die übrige Kehilla nach einigen anderweitigen vergeblichen Versuchen endlich hier Unterschlupf gewährt erhielt. Nach telegraphischem Hin und Her setzten wir unsere längst gepackten Rucksäcke auf den Buckel, nahmen unsere längst gepackten Koffer in die Hände und fuhren in 15stündiger erlebnisreicher Nachtfahrt nach hier. Wir bekamen auf der gut organisierten und freundlichen Gemeindeverwaltung dann sofort Quartier angewiesen, und waren in unseren zitternden Nerven dankbar für so viel Entgegenkommen. In unserem ersten Quartier wohnten wir zu viert in einem Zimmer, in 2 Betten und 1 Diwan.

Ich habe hier so gut wie gar kein Asthma, trotz der Jahreszeit. Das rauhe hiesige Klima ist gut für mich. So hatten wir es – sehr relativ – ganz gut getroffen. Nachdem das anfängliche Auswärtsessen schnell unmöglich war, durfte ich ganz kleine Gerichte dann selbst kochen. Die Kinder wurden in die hiesige Schule angemeldet, so es ihnen sehr gut gefällt. Nach 4 Wochen mussten wir leider das erste Quartier verlassen, da die Dame selbst zum Ausziehen gezwungen wurde! Jetzt wohnen wir weit draußen in einem Vorort, in einem sehr feinen Viertel und feinem Haus. Es ist zwar wieder der 5. Stock, aber da ein Aufzug vorhanden ist und ich neben Hausschlüssel auch den Aufzugschlüssel habe, ist das diesmal nicht schlimm. Im ersten Quartier war diese Höhe für mich katastrophal. Esther mußte ich mit Hilfe der reizenden Flüchtlingsfürsorgestelle hier im jüdischen Kinderheim unterbringen, nachdem sie mir, uns in unserer 1-Zimmerzeit das Leben nahezu unmöglich gemacht hat durch ihre Aufführung. Jetzt tut sie gut – wie immer bei

Frauen – und mein Herz erholt sich. Schrecklich, daß es so ist. Mit knappen Streichen hast Du so den äußeren Rahmen unseres Lebens. Ich koche, lerne mit den Kindern und durch deren lange Schulzeit, weite Tramfahrt und viele Aufgaben bleibt mir kaum Zeit. Ich meine oft, nicht mehr zu können. Aber zu essen haben wir genug, Du darfst darüber wirklich unbesorgt sein, Hilla. Über meine innere Verfassung, Schwester, kann und mag ich Dir nicht viel schreiben. Du kennst mich und weißt, was diese Zeit des Abgeschnittenseins von meinem Mann, vom Sinn meines Lebens, für mich bedeutet. Ich leide – oh, wie ich leide! Ein Glück, daß ich bis heute ziemlich regelmäßig Nachricht von Ed erhalte (via Liesel und Schweizer Freunde) und weiß, wenn ich es glauben darf, daß es ihm gut geht und er gesund ist. Er bemüht sich momentan, mich und die Kinder allein, ohne sich, nach USA (auf die Bürgschaft) zu bringen! Ob es ihm gelingt? Ach Hilde, wie mir auch davor graut! Ohne Ed nach USA. Aber es scheint von den zwei Übeln das kleinere zu sein. Wachspuppen – wie wir – haben ja blind zu gehorchen, was Puppenspieler „Schicksal" mit uns tun will. Es gibt so viel zwischen Himmel und Erde, über das man nicht schreiben kann. Trotz der Sperre gehen momentan viele Leute von hier legal mit Zertifikat nach Erez! Ich sehe es voll Bitterkeit.
Schwesterle, Liebes, gib mir doch Nachricht über Liesel oder Hans! Wie es Dir geht? Wie Du lebst? Bete für baldigen Frieden und für unsere Erlösung!
In Liebe Deine Sylvia

Karte von Sylvia Cohn an Frau Dr. Hertha Wiegand, Offenburg,
22. 10. 1940, geschrieben um 12 Uhr, abgestempelt 20 Uhr am Tag
der Deportation nach Gurs. Aus der Karte geht hervor, daß man den
Deportierten sagte, man brächte sie nach Chalons:

Offenburg, 22. X. 40, 12 Uhr

Liebe, gute Frau Doktor.
Meine letzten innigen Grüße und Wünsche an Sie. Tausend
Dank! Gott im Himmel, wenn es ihn gibt, möge Sie segnen.
Bleiben Sie bei Ihrem Kind! Ohne die Kinder, die so klein sind
u. leben, ich ginge nicht mit. Bitte, kümmern Sie sich um mein
armes Estherkind. Wir kommen, wie wir hören, nach Chalons.
Wenn ich kann, gebe ich Nachricht.
Gott schütze Sie. Ich habe Sie so lieb, Mutterle. Leben Sie wohl.
Ihre Sylvia[31]

Karte von Sylvia Cohn, Camp de Gurs, Ilot J, Baraque 16
9. Februar 1941

Lieber Herr und liebe Frau Neu![32]
Im Auftrage der Offenburger Kinder sowie im Namen meiner
eigenen Kinder danke ich Ihnen herzlich für das gesandte Brot,
das mit Freude und Dank verzehrt wurde!
Seien Sie glücklich, daß Sie in Freiheit sind! – Ich und die
Kinder haben keinerlei Aussichten freizukommen, obwohl ich
Gott sei Dank seit 14 Tagen wieder direkte Nachricht von mei-

nem Mann aus England erhalte. Er bemüht sich nach Kräften
– aber weder er noch ich glauben an einen Erfolg. Nicht mal
Geld darf er schicken, dort ist auch strenge Devisenbewirt-
schaftung. Sonst geht es ihm gut, Gott sei Dank besser als uns.
Wir „hüpfen" von einer Impfung zur andern und haben bald
genug davon und von allem anderen auch! Wir hören, daß wir
bald in ein anderes Lager bei Perpignan in der Nähe des Meeres
kommen sollen. Da „soll" es besser sein ... mal sehen! Ich habe
nur Angst davor! – Onkel Achilles wird täglich weniger.[33] Er
hält's nicht mehr lang aus.
Herzliche Grüße
Ihre Sylvia Cohn

Brief Sylvia Cohn, Centre d'hébergés Rivesaltes, P. 0. Ilot B 29

Lieber Herr und liebe Frau Neu!
Haben Sie vor einigen Monaten meine Karte aus Gurs erhalten,
in welcher ich mich für das Brot bedankte, das Sie so freund-
lich waren, den Kindern zu senden?
Ich wollte, ich könnte Ihnen noch von dort schreiben. –
Inzwischen sind wir in dieses Lager gekommen, welches land-
schaftlich viel schöner liegt, etwa 10–12 km vom Meer, und
wir haben keinen Stacheldraht mehr um uns herum und kön-
nen uns, wenn wir sehr viel Fantasie besitzen, auf unseren
Wegen von einem Ilot in das andere einbilden, freie Leute zu
sein. Das sind die Vergnügen hier. Das Riesenlager umfaßt

ungeheure, weite Flächen! *(Zensurbalken)* ... und leben unter denselben Bedingungen, – nein, nein, nicht mal unter denselben. – Es ist mehr wie schade, daß Sie und viele andere dort und sonstwo uns nicht besuchen können *(Zensurbalken)*. Wir sind vor Pessach in ein anderes Ilot gelegt worden, welches vor uns *(Zensurbalken)* bewohnt haben. *(Zensurbalken)* –

Mein Brief an Sie heute ist eine dringende Bitte um Hilfe! Lieber Herr, liebe Frau Neu, versagen Sie mir meine Bitte nicht, und schicken Sie mir und meinen armen Kindern Pakete mit allem Eßbaren, was Sie auftreiben können, gegen volle Bezahlung, wenn Sie mir den Weg angeben, so schicke ich Ihnen den Betrag voraus! *(Zensurbalken)* ... und ich weiß mir gar nicht mehr zu helfen. Ich habe niemand, der mir was schickt. Meine Schwester, die mir nach Gurs Pakete schickte, darf es hierher nicht tun, weil Pakete aus demselben Departement verboten sind. Außerdem müssen sie morgen die Umgebung von Perpignan auch wieder verlassen, die Armen, - und wissen nicht wohin!

Von meinem lb. Mann habe ich zwar öfter gute Nachricht, G.s.D. – allein meine Aussichten auf Befreiung und Weiterwanderung nach USA sind – leider Gottes – gleich Null, da ein Brief meiner bisherigen Bürgen, den ich vorgestern erhielt, mir erklärte, daß er die bisher schon dreimal wieder verlängerten Bürgschaften uns nicht mehr erneuern könne, da er sich alt und krank fühle! – Ich habe also nicht einmal mehr Bürgschaften momentan, und wir sind hier so gut wie begraben! Mein Mann bemüht sich zwar nach Kräften für uns, aber er kommt während des Krieges dort, wo er ist, nicht fort und

kann mir trotz dringend gestellter Anträge hierher weder
Pakete noch Geld schicken!

Verzeihen Sie mir diesen Brief, aber ich weiß mir hier tatsäch-
lich nicht mehr zu helfen, und die Kinder weinen Tag für Tag,
weil es ihrem Onkel Achilles so schlecht geht.

Vielleicht können Sie mir einen Rat geben, ob ich, wenn ich
die Kinderle in ein Kinderheim unterbringen könnte, mit einer
monatlichen Summe, die ich bekommen werde aus USA, von
800–1000 Francs liberiert werden könnte? Bisher wollte ich das
nicht, aber jetzt will ich, wenn irgend möglich.

Alles Gute Ihnen beiden!

Und herzliche Grüße von Ihrer unglücklichen Sylvia Cohn

Brief
Sylvia Cohn
aus dem
Lager, mit
Zensurbalken.

Sylvia Cohn, Centre d'hébergés Rivesaltes, P. 0. Ilot B 29,
21. 6. 1941

Sehr geehrter Herr und liebe Frau Neu!
Spät kam er, aber er kam, Ihr lieber Brief nämlich, und ich freu-
te mich sehr mit Ihren Zeilen. Über das Päckchen war ich aller-
dings – wie auch sämtliche Offenburger – etwas enttäuscht,
weil wir diese Dinge zu diesen Preisen auch im Lager kaufen
können. Wir hätten uns so sehr mit gewissen markenfreien
Lebensmitteln gefreut, die uns so sehr nötig sind.
Nichtsdestoweniger danke ich Ihnen sehr für Ihre Mühe. Herr
Max Weil und Frau Johanna Cahn baten mich, mit der
Absendung des Geldes noch einige Tage zu warten. Herr Adolf
Kahn ist der einzige, der es schon gebracht hat. Herr Stern will
es Ihnen selbst senden. Ich werde Ihnen also das eingegange-
ne Geld und meinen schuldigen Betrag Anfang nächster
Woche einsenden! – Vielen Dank! Ich habe meine Kinder, weil
ihr Zustand es dringend erforderlich macht, für ein
Kinderheim angemeldet, leider sind sie immer noch nicht fort-
gekommen. Vorher kann ich auch für meine eigene Liberation
nichts unternehmen, die auch aus anderen Gründen leider
sehr fragwürdig ist. Mein Bürge, der nun 3 Jahre treu und brav
Bürgschaft geleistet und sie immer wieder erneuert hatte, teil-
te mir zu Erev Pessach mit, daß er infolge seiner Krankheit die
Bürgschaft nun nicht mehr erneuern kann. Nun sitze ich also
schon 8 Monate und mehr in dieser nicht beneidenswerten
Situation – ohne jede Aussicht auf glückliche Veränderung.
Von meinem Mann habe ich öfters gute Nachricht, dagegen

leider sehr selten von Esther, die noch in München ist. Sie ist aus der Schule gekommen und lernt Sprachen und alle Handelsfächer. Ach, liebe Neus, wann hat der Krieg, dies Elend ein Ende?

Herzliche Grüße,
Ihre Sylvia Cohn

Brief Sylvia Cohn, Centre d'hébergés Rivesaltes, P. O. Ilot B 29, 31. Juli 1941

Liebe Familie Neu!

Am ersten Tag, an welchem ich aus der Infirmerie nach 3wöchigem Aufenthalt entlassen wurde, schreibe ich Ihnen und danke Ihnen für Ihren lieben Brief! Es war nicht meine Schuld, sondern force majeure, daß Sie so lange nicht in den Besitz des Geldes gekommen sind. Als ich es, sehr viele Wochen früher, an Sie abschicken wollte, war das nicht möglich, als es dann möglich war, war die Zeit wieder reichlich lang geworden. Ich hoffe, daß Sie nun längst im Besitz der 105.– frs (von mir und Herrn Kahn) sind! Die anderen haben alle nicht bezahlt, sie würden sich mit Ihnen selbst auseinandersetzen. Es ist ein Jammer, Sie glauben es nicht, weil Sie G. s. D. es nicht selbst erleben, wir alle haben fast kein Geld, manchmal längere Zeit hindurch keinen Franc mehr, und das ist mehr als schlimm, denn wir haben keinerlei Reserven mehr.

Ich kam wegen Herzstörungen, starkem Schwindel und anderen derartigen Erscheinungen in die Infirmerie. Die Ruhe dort, ein Bett und täglich etwas Milch haben mir sehr gut getan – es war aber auch nötig. Die Kinder sind leider immer noch nicht fortgekommen. Das bereitet mir großen Kummer, aber ich kann es nicht ändern. Mirzel *(Myriam)* ist zu ihrer sehr notwendigen Pflege und Kräftigung gestern ebenfalls in die Infirmerie gekommen nach Ilot J, 1/2 Stunde Fußweg von hier. Dort bekommt das hochaufgeschossene, dünne, blutarme Kind jetzt Milch und Spritzen zur Kräftigung. – Evchen ist bei mir, aber es tut ihm dasselbe Rezept recht sehr nötig.

Das Schönste an meinem Leben sind die Briefe, die gottlob häufig aus London – seltener von Estherle – kommen. Mein lb. Mann will mich immer trösten und aufmuntern, zum Durchhalten anfeuern mit seinem herrlichen Gottvertrauen und seiner Zuversicht in das baldige, glückliche Ende dieses Krieges. Wenn ich nur auch so zuversichtlich sein könnte.

Esther besucht die Fortbildungsschule und Höhere Handelsschule in München. Sie lebt nach wie vor G.s.D. behütet im Kinderheim, und alle die lieben Freunde, welche ich mir in München erworben habe während unseres Aufenthaltes, kümmern sich liebevoll um das Kind, meine Wirtsleute und insbesondere Dr. Finkelscherer. Wissen Sie übrigens, Dr. Bruno Finkelscherer, der Jüngere, hat sich nun auch verlobt, Esther schreibt, es sei ein ganz nettes Mädel. Ich habe Estherle freigestellt, wenn es will, die großen Ferien in Offenburg beim Onkel Leopold zu verbringen, es wird ihm zwar sehr wehmütig zumute sein, aber es könnte mir vielleicht manches erledigen. Ja, ich glaube es Ihnen, daß Sie auch draußen nicht ohne Sorgen und Kümmernisse leben. Aber hat man denn jemals –

wenn die Zeiten relativ noch so gut waren – jemals ohne
Sorgen gelebt? Nie ... So dumm war man. Und danken Sie
Gott, lieber Herr und liebe Frau Neu, daß Ihre lieben Kinder Sie
von Gurs so schnell zu sich geholt haben. Es ist doch kein
Vergleich. Hoffentlich haben Sie beide von Ihren lieben
Angehörigen, dem guten Mutterle in W. *(Wangen am Bodensee)*
und dem lb. Opa, gute Berichte.

Vergessen Sie uns bitte nicht ganz und nehmen Sie herzliche
Grüße von Ihrer

Sylvia Cohn

Herr Adolf Kahn[34] ist leider nicht gut dran. Er ist seit 5 Wochen
krank, und man hat Befürchtungen. –

AHASVER

Sylvia Cohn hat zu verschiedenen Anlässen auch szenische Stücke geschrieben. Meist gelangten sie bei Veranstaltungen der jüdischen Gemeinde in der Offenburger Synagoge zur ersten Aufführung. Zwei dieser Stücke sind erhalten. Sie behandeln biblische Themen: *Ahasver* und *Esther, ein Purimspiel. Ahasver* wurde 1937 erstmals aufgeführt.

AHASVER
EINE SCHAU IN ZEHN BILDERN

Ahasver, ein zerfurchter, steinalter, gebeugter Jude mit dem gehetzten müden Blick der Verfolgten, in Lappen gehüllt, mit einem Bart und großem Wanderstab, kommt auf die Bühne gewankt. Auf einem Stein, rechts im Vordergrund, setzt er sich nieder, stützt das Haupt auf den Arm und spricht:

Ahasver:
Viel tausend Jahre bin ich alt,
und meine Sohlen brennen,
durch Wüsten, Meere, auf Asphalt,
Ich mußte jagen, rennen!

Wohin ich kam, in jedem Land
ist es mir gleich ergangen,
erst – bot man freundlich mir die Hand,
dann – nahm man mich gefangen!

Wohin ich ging, das selbe Leid,
erst hieß man mich willkommen,
man gab mir Wohnstatt, Brot und Kleid,
dann – hat man mir's genommen.

Dem einen war ich zu gescheit,
dem anderen zu tüchtig,
und viele platzten gar vor Neid,
doch – keinem war ich richtig.
Jawohl! So manchem Fürsten schon
galt hoch des Juden Leben!
Er liebte mich wie die Zitron',
die ihm den Saft darf geben;
er ließ mich zeitenlang in Ruh,
mit Arbeit Geld erwerben,
dann molk er mich wie eine Kuh
und jagt mich ins Verderben:
Das war die Liebe, die ich fand
auf meinen steingen Wegen.
Mich brennen Augen, Kopf und Hand,
wohin darf ich mich legen?
Jahrtausende war dieser Stab
mein treuester Gefährte, – *(nimmt ihn zur Hand)*
begleite mich noch bis ins Grab,
ins Bett der kühlen Erde!
Herrgott, nun laß zu Ende sein
der Wandrung ewig Grauen,
und nimm den greisen Wandrer heim,

laß ihn Dein Reich erschauen.
Denn, Gott, nach dieser Ewigkeit
sehn ich mich so nach Friede,
ich trag jahrtausendaltes Leid,
ich bin so müd, so müde!

(Ahasver schläft ein, die Hand auf den Stab gestützt.)

Bild

Ein durchsichtiger Schleiervorhang fällt, durch den hindurch alle Vorgänge gut erkennbar sind. Drei halbnackte Männer schleppen schwere Steine herbei. Sie keuchen unter der Last. Sie hämmern und klopfen. Einer hält erschöpft inne. Der ägyptische Aufseher steht mit erhobener Peitsche da, im Begriff, den Erschöpften zu schlagen. Dazu spricht hinter der Bühne der Sprecher.

Sprecher:
In schwerer Mühsal, in harter Fron
verschmachteten die Väter.
Die Peitsche war der Müden Lohn,
wo blieb, wo blieb der Retter?

Das 1. Bild bleibt einige Minuten stehn, dann Vorhang.

Bild

Mittelalterliches Stadtbild, Platz mit Brunnen. Trinkende Frau. Sie sinkt um, die Hand auf dem Herzen. Tote liegen auf der Erde. Zwei Juden im Kaftan gehen gebückt über den Weg. Drei Weiber mit entsetzten fanatischen Gesichtern und Gebärden zeigen auf sie.

Sprecher (hinter der Bühne):
Tausende von Menschen sterben!
Ernte hält der Schwarze Tod!
Woher kommt ein solch Verderben?
Wer verschuldete die Not?
Mönche, Brüder, Flagellanten
mit der Rede dunklem Sinn
hetzten tollgewordne Banden
auf das Volk der Juden hin.

Vorhang

Bild
*Derselbe Platz. Aufgerichteter Scheiterhaufen. Volksmenge, erregt in
Zeichen und Gebärden, in Erwartung des Schauspiels.*

Sprecher:
Seit des Mittelalters Tagen
hat man sie jeder Schuld geziehn,
jämmerlich ertönen Klagen,
grausam mordet man sie hin.
Wehevoll ertönen Schreie,
schauerlicher Klagen Chor,
Flammen prasseln, – täglich neue
Lodern himmelhoch empor.
Scheiterhaufen sind geschichtet,
tausend in Verzweiflungsnot
werden täglich hingerichtet,
tausend suchen selbst den Tod!

Und der Pöbel jener Zeiten
jauchzt in frommer Raserei
und genießt des Schauspiels Freuden,
das Gott wohlgefällig sei!

Vorhang

Bild

Ärmliche Stube. Hölzerne Stühle, ein Tisch. Alter würdiger Jude im Kaftan, mit langem weißem Bart und Käppchen, über ein dickes Buch gebeugt. Um ihn herum aufhorchende Schüler, die an seinem Munde hängen.

Sprecher:
Gott auf andre Art zu dienen
war der frommen Väter Art,
im Gebet sich zu entsühnen,
wie im Leben, karg und hart.
Mocht der Pöbel haßvoll schreien,
hing das Leben nur am Haar,
Augen zu! Und laßt uns weihen
dem, der sein wird, ist – und war!
Totbereite, sich versenkend
in den Born der Heilgen Schrift,
suchend, lernend, lehrend, schenkend,
klaglos sterbend, wen es trifft,
weben sie dem Geiste Fahnen,
hielten hoch der Thora Schild.
Ja, es waren unsre Ahnen
wie in Panzerschutz gehüllt!

Und trotz Haß und Hohn und Geifer
blieben sie der Lehre treu.
Hunger – schürte nur den Eifer,
Hunger – macht die Seelen frei!
Trunken wälzten sie ihr Leben
Folianten, Blatt um Blatt,
Gottes Nähe macht sie beben,
Gottes Lehre macht sie satt!

Vorhang

Bild

Ein prunkvoll gekleideter Fürst, den Mantel lässig um die Schultern gelegt, reicht einem katzbuckelnden Juden eine Pergamentrolle. Der Jude gibt dagegen dem Fürsten einen dicken Lederbeutel voll Gold.

Sprecher:
Isaak, lächelt die Durchlaucht,
Ihr habt mir Gold gegeben,
rechnet auf mich, wenn Ihr's braucht,
schütz ich Euer Leben.

Bild

Ghettomauern, hinter dem eisernen verschlossenen Tor, Judenkinder, die mageren Arme in die eisernen Stangen verkrampft. Kinder mit sehnsüchtigen Augen. Davor ein mittelalterlicher Söldner, mit hartem Tritt auf und ab marschierend.

Sprecher:

Blauer Himmel, Sonnengold,
frühlingsbunte Wiesen,
wo die frohe Jugend tollt,
mit Reifen, Bogenschießen.
Ach, daß unsre Kinder nicht
jene Freuden kannten,
weil Gesetz und harte Pflicht
sie an die „Gasse" banden!

Bild

Neue Zeit. Auf einer Empore steht ein jugendlicher Mensch, seine Augen leuchten, er hält in der Hand eine Rolle, die anderen gestikulieren. Es horcht ein Haufen Arbeiter und Arbeiterinnen fasziniert zu ihm auf.

Sprecher:
Späte Freiheit traf die Herzen,
Sonnenlicht nach schwarzer Nacht,
aus des Knechttums bittern Schmerzen
sind zu grell sie aufgewacht.
Späte Freiheit, mißverstanden,
führte sie zu höchsten Höhn,
wer aus Ketten auferstanden,
will auch die Brüder frei nur sehn!

Bild

Einige Studenten mit Mütze und Couleurband ziehen durch die Straßen. Überelegant gekleidete Damen in Pelzmänteln, Schoßhündchen, gepudert und bemalt, sehen sich nach den jungen Studenten um.

Sprecher:

Herr Doktor hier, Herr Doktor da,
Herr Rechtsanwalt, Herr Kommissar,
mein Sohn, der Stadtbauarchitekt,
nein, was in dem doch Großes steckt!
Mein Sohn wird Lehrer! – Arzt, mein Sohn,
Notar der Meier, Richter der Cohn –
Es war ein Rausch, eine Raserei,
nun sind wir endlich, endlich frei,
nun steigen wir auf des Lebens Leiter
höher und höher, weiter und weiter.
Nicht Hochmut war's, nein, Sehnsucht der Alten,
den Kindern das Leben leicht zu gestalten.
Zu bitter war die Fron ihrem Rücken,
die Kinder sollte die Last nicht drücken!

Bild
*Vor der Anschlagsäule mit den Nürnberger Gesetzen! Gruppen
erschrockener Juden rechts, erschrockener Jüdinnen links.*

Sprecher:
Und Menschen starren die Säule an,
es war ein Wahn, es war ein Wahn!
Sonne, Freiheit, Wissen, Licht!
Nur für die andern. Für uns nicht.
Der alte Fluch senkt sich herab,
Volk ohne Boden. Volk fürs Grab.

Bild

Landschaft in Erez Israel. Im Hintergrund braune Berge. Challuzim
bei der Arbeit des Orangenpflückens. Sie singen das Emeklied.
Ahasver erwacht, sieht sich erstaunt um und spricht:

Ahasver
Was ist dies für ein neuer Geist,
der richtungsgebend hier sich weist?
Ist dies noch Traum? Ist's schon die Tat,
die aus dem Traum ins Leben trat?
Was ist dies für ein neu Geschlecht,
das, sehen meine Augen recht,
mit Stolz den harten Spaten führt,
und Frohsinn bei der Arbeit spürt?
Die Augen leuchten, ... es klingt ein Lied,
trotz harter Arbeit, ein heiter Gemüt,
gebräunte Gesichter, die Körper gestrafft,
dies hat nur ein heiliges Wunder geschafft!
Daß dies meine alten Augen noch schaun,
ein Volk und ein Land, um es aufzubaun,
die alte Heimat, des Herzens Braut,
die Landschaft, so seltsam der Seele vertraut,
mein Gott, wie war der Weg so weit,
längst fiel zu Staub mein Wanderkleid,
mein Gott, wie war der Weg so schwer,
wie schrie ich oft: Ich – kann – nicht – mehr!
Mein Gott, wie war der Weg so heiß,
nun darf ich ruhen, weil ich weiß,

die treue Mutter, das Heilige Land,
nimmt ihren müden Sohn zur Hand
und schenkt ihm, was ihm keiner gab:
in eigener Erde ein friedliches Grab.
Mein Gott, hab Dank! –

Ahasver sinkt um und stirbt, ein Lächeln auf den Lippen. Der Gesang der Chaluzim schwillt an. Sie singen die Techesaknah.[35]

Vorhang

ESTHER

ESTHER
EIN BIBLISCHES PURIMSPIEL[36]

Personen:

König Ahasveros

Königin Esther

Minister Haman

Ein Jude Mordechai

Kammerdiener Charbona

Kammerdiener Mehuman

Gefolge und Mädchen der Königin

Gefolge des Königs

Mehrere Juden

Herolde

2 Verschwörer, Bigdan und Teresch

Ort der Handlung: Am persischen Königshof

1. AKT
1. Scene

Charbona, Mehuman, Herold

Charbona:	Sagt, habt ihr es denn schon vernommen,
	Was im Hause des Königs passiert?
	Königin Waschti sollte zum König kommen
	Und hat den Befehl nicht ausgeführt.

Mehuman:	Ein schlechtes Beispiel hat sie gegeben
	Für alle Frauen im ganzen Land;
	Nun wird es nirgends Gehorsam mehr geben,
	Erschüttert wird aller Ehen Bestand.
Charbona:	Oh weh, was soll daraus nun werden,
	Wenn jede Frau tut was sie will,
	Das wäre die Hölle ja auf Erden, –
	Doch halt, was höre ich da? Sei still –
Herold:	(tritt auf und bläst in die Trompete,

allerlei Volk eilt herbei und hört zu)

Im Namen des Königs hab ich zu verkünden,
Verstoßen sei Waschti, die Königin fein,
Ihr Ungehorsam muß Strafe finden,
Nun wird eine andere Königin sein.

Volk, Dienerschaft:

Habt Ihr's gehört? Das geschieht ihr schon
recht!
Die Waschti paßte zur Königin schlecht,
Nun muß sie gehen, und alle Frauen
Werden daran ein Beispiel schauen
Und werden nun nicht mehr zanken und
schreien
Und fürder doppelt so folgsam sein!

Herold: (bläst in die Trompete)
Zum zweiten hab ich zu erzählen,
Die schönste Jungfrau, die man find'
Will sich der König zum Weibe erwählen,
Herbei nun, Ihr persischen Mädchen geschwind!

Schmückt Euch, bekränzt Euch, seid sittig
und fein,
Wer wird die Auserwählte sein?

Herold ab.

Volk: Auf, auf, Ihr Mädchen, nun schnell nach
Haus,
Holt Eure besten Gewänder heraus,
Schmückt Euch, bekränzt Euch, stellt auf
Euch in Reihen,
Wer wird die Auserwählte sein?

Das Volk zerstreut sich, verläßt die Bühne.

Es kommen langsam ...

2. *Scene*
Mordechai und Esther

Mordechai: An mich ist nun die Reih' gekommen,
Daß ich mein Pflegekind verlier,
Ich zog Dich auf in Zucht und Frommen,
Vergiß mich nicht, versprech es mir.
Mein Segen ruht auf Dir, mein Kind,
Nun bleibe folgsam, treu und gut,
Doch wenn der König an Dir Gefallen findt,
So verschweige ihm lieber Dein jüdisches Blut.

Esther: Mein Herz schlägt in der Brust so bang.
Leb wohl, lieber Oheim, und tausend Dank!

Esther geht ins Königshaus.

Mordechai bleibt sinnend auf der Seite im Schatten stehen.
Geputzte Mädchen eilen von allen Seiten ins Schloß.

3. Scene

Der Vorige, 2 vermummte Gestalten mit einer schwarzen Maske
vor dem Gesicht (Bigdan und Teresch, Verschwörer).

Bigdan:	(leise) Was ist? Wann wollen wir's beginnen?
	Ich will nicht länger Knecht hier sein.
	Doch nach der Tat heißt's schnell entrinnen,
	Du helfe mir. Ich trau mich nicht allein.
Teresch:	Nur still, – damit es nicht erfahre
	Ahasver noch zur rechten Zeit,
	Er würd' sonst so mit uns verfahren,
	Daß keiner mehr um Hilfe schreit.

Verschwörer ab.

Mordechai:	Sieh an, was diese Schurken planen,
	Sie sinnen auf des Königs Mord!
	Ahasveros wird's nicht mal ahnen –
	Ich will ihn warnen, auf mein Wort.

Ruft Charbona, flüstert mit ihm.

2. AKT

1. Scene

Volk vor dem Schloss, darunter Mordechai. 2 Herolde, später
Haman. Zwei Herolde führen die gefesselten Verschwörer über
die Bühne ab.

Das Volk: Habt Ihr's gesehn? So geht es diesen,
Die frech des Königs Tod geplant,
Nun müssen ihre Schuld sie büßen,
Denn solcher Frevel wird geahnd't.

Haman kommt. Alle verneigen sich tief,
nur Mordechai bleibt aufrecht stehn)

Haman: Wer ist der Hund, der sich nicht beuget
Vor des Königs erstem Mann?
Wo sich doch alles vor mir neiget,
Er ist ein Jud, ich seh's ihm an.

(Voller Zorn:)   Das soll mir der Halunke büßen,
Ich schwöre es, ich tränk's ihm ein,
Das ganze Volk soll leiden müssen,
Für diese Tat, nicht er allein.

Volk zerstreut sich.

Vorhang

2. Scene
Der König, Haman.

König: Was führt Dich, Haman, her zu mir?
Groll steht Dir im Gesicht geschrieben.
Ist einer, der Dich ärgert, hier?
Er werde schnell vom Hof vertrieben.

Haman: (heuchlerisch)
Nicht einer ist's, verehrter König,
Der meinen Sinn so sehr bewegt,

Was einer tut, wär viel zu wenig,
Ein Volk hat meinen Zorn erregt.
Es lebt in Deines Reiches Gauen
Nach eigenem Gesetz und Recht,
Es darf zu eigenem Gotte schauen,
Das dünkt mich Deiner Würde schlecht.
Es ist voll Hochmut, frech und stolz,
Und scheint mir ganz aus schlechtem Holz!

König: Da wollen wir nicht lange zaudern,
Hier hast Du meinen Siegel gleich,
Daß jeder spür mit kaltem Schaudern,
Ich bin der König hier im Reich.
Verfahr nach Deinem Wunsch mit ihnen,
Ich schenk sie Dir samt ihrem Geld,
Wer hier im Reich ist, muß mir dienen,
Denn Persien, das ist meine Welt.
Nun schicke Boten in das Land
Und mache den Entschluß bekannt.

König ab.

Haman: (für sich)

Der König ist Wachs in meinen Händen,
Wie schnell hab ich mein Ziel erreicht,
Nun wird sich Mordechais Hochmut wenden,
Ich freue mich schon, wie der Jude erbleicht!
Ich will das Nötige vollbringen,
Ein Bad von Blut, wir werfen Los,
Schwach sind diese Juden und leicht zu
bezwingen,

Ihr Geld fällt dann uns in den Schoß.
Den Mordechai aber, ich brenne darauf,
Den häng ich an einem Galgen auf.

Ab.

Vorhang

3. AKT
1. Scene
Herolde, Volk, dann klagende Juden

1. Herold: Dem Volk soll ich die Nachricht bringen,
              Es möge jubeln, tanzen, singen.
              Denn Esther, die neue Königin,
              Ist schön wie Rosen, die morgendlich blühn.
Chor, Mädchen und Volk:
              Lang lebe die Königin Esther!
              Wir sind ihr ergeben und treu
              Und beten, daß unserer Schwester
              Viel Glück beschieden sei!

2. Scene
Reigen. Die Königin erscheint geschmückt, die Mädchen umtanzen sie in einem Reigen. Musik.

3. Scene
2 Herolde, Volk, Juden. Trompetenstoß, die Mädchen und die Königin huschen weg ins Schloß.

2. Herold:	Im Namen des Königs tu ich Euch kund
	Vernehmt die Worte aus meinem Mund:
	Die Juden sollen vernichtet werden,
	Kein Jude bleib leben auf persischer Erden.
	Wer einen Juden ersticht, erwürgt,
	Dem sei des Königs Dank verbürgt.
	Das Morden geschehe an einem Tage,
	Der 13. Adar ist's, den ich Euch sage.
Volk:	Habt Ihr's gehört? Habt Ihr's vernommen?
	Sein Stolz ist dem Mordechai schlecht
	bekommmen!
	Hei, das gibt ein feines Fressen,
	Beute gibt es ungemessen –
	Ha, was wiegt der Juden Leben?
	Gold und Silber wird es geben!
Andere:	O, was denkt Ihr! Für uns nicht
	Das steckt Haman ein, der Wicht!

Herolde und Volk gehen ab.

4. Scene

Juden kommen von allen Seiten, bedrückt, geduckt, als erster
Mordechai in Sackgewand. Ein Diener steht vor dem Schloß.

Chor der Juden:	
	Wehe, wehe lasst uns schreien
	Aus des Herzens tiefster Not,
	Laßt uns fasten und kasteien,
	Fest steht unser aller Tod.
Mordechai:	Gott im Himmel, hör das Beten,

164

          Sieh auf Israel, Dein Kind,
          Wie sie uns mit Füßen treten,
          Und nur, weil wir Juden sind!

Chor der Juden:
          Wehe, wehe, wildes Weinen
          Schicken wir zu Gott empor,
          Dem Allmächtigen, dem Einen,
          Oh, verschließe nicht Dein Ohr!

Mordechai: Laßt uns beten, hebt die Hände,
          Gott ist gut und Gott ist groß,

(Pause und Gebet)
          Doch ich will Esther Botschaft senden,
          Daß sie verhüte unser Los.

Mordechai flüstert mit dem Bedienten Charbona.

Chor der Juden:
          Wehe, wehe lasst uns schreien,
          Gott erhöre unsre Not,
          Du, nur Du kannst uns befreien,
          Haman schickt uns in den Tod.

Vorhang

4. AKT
1. Scene

Schlafgemach des Königs. Der König. 1. Diener Charbona, später Haman.

König: Stund um Stunde seh ich rinnen,
          Schlaflos geht die Nacht vorbei.

	Ach, was soll ich nur beginnen,
	Daß die Zeit mir kürzer sei?
	Halt! Ich hab's! Ich laß mir bringen
	Meiner Chronik dicken Band.
König ruft:	Charbona!
Charbona:	Majestät?
König:	Sag, mein Knabe, kannst Du lesen?
	Bring die Chronik schnell herein,
	Lies von allem, was gewesen,
	Und es soll mir lehrreich sein.
Charbona:	Wie der König befiehlt.

Geht ab und kommt wieder mit einem dicken Buch, setzt sich
nieder zu Füßen Ahasvers, liest vor:

> „Es ist geschehen im Jahre drei
> Deiner Regierung, o Majestät.
> Da hat Dich ein Jude, der Mordechai,
> Vom Tode errettet, so wie es hier steht.
> Er hat den Plan Deiner Mörder gehört,
> Schnell schickte er Kunde der Königin,
> So ward der Bubenstreich verwehrt."
> Dies steht in Deiner Chronik drin.

König:	Das habe ich noch nie vernommen,
	Es ist das erste, was ich hör,
	Was hat der Mann dafür bekommen?
	Ich will, daß man ihn fürstlich ehr!
Charbona:	Einen Lohn bekam der Mordechai nicht,
	Er ist nur ein Jude, der arme Wicht.
König:	Ruf mir den Haman!

Charbona: Haman, tritt ein!

Haman: (für sich selbst)

   Da meint er nur mich, es ist keine Frage,
   Ich will ihm schon was Feines sagen!

(Zum König gewendet:)

   Einem solchen Manne, o Majestät,
   Der so sehr in Deinen Gunsten steht,
   Für den mag's die höchste Ehre sein,
   Du hüllst ihn in Deinen Mantel ein,
   Umgürtest ihn mit Deinem Schwert
   Und setzt ihn auf Dein eigen Pferd.
   Und Deines Reiches vornehmster Mann,
   Führ ihn durch die Straßen, so angetan,
   Und rufe laut, daß es jeder hört:
   So geschieht dem Mann, den der König ehrt!

König: Dein Rat ist gut, ich seh es gleich,
   Du bist ja der erste Mann im Reich.
   Nun tue Du alles, genau nach dem Wort,
   An Mordechai, der mich bewahrt vom Mord.

Haman: (wütend beiseite)

   O Schimpf und Schande, was muß ich erleben,
   Ich muß diesem Juden die Ehre geben!
   Fürwahr! Das hätt ich nicht gedacht.
   Nun werd ich gar noch ausgelacht.
   Entsetzlich! Ich könnte vor Wut zerspringen.
   Und dennoch: Ich muß den Befehl vollbringen.

Vorhang

5. AKT

1. Scene

Gemach der Königin Esther. Esther und ihre Dienerinnen.
1. Diener, Charbona

Esther: Was hör ich für ein Weinen, Klagen,
             Im Hofe schon seit vielen Tagen?
             Ist's Mordechai nicht, den ich sehe?
             Mir krampft das Herz sich wild vor Wehe.
Charbona: Er schickt mich zu Dir mit trauriger Kunde,
             Ach, geh zum König, so läßt er Dich flehn,
             Verkauft sind die Juden von Haman, dem
             Hunde,
             Sie sollen alle zugrunde gehen.
Esther: O Jammer, Entsetzen, es packt mich einGrauen,
             Wie soll ich wenden die furchtbare Not?
             Ich darf ungerufen den König nicht schauen,
             Auf Ungehorsam jedoch steht der Tod.
Charbona: Doch Mordechai läßt Dir gar dringlich sagen,
             Du möchtest das Wagnis dennoch tun.
             Hörst Du nicht der Juden Weinen und Klagen?
             Du hörst es? Und dennoch könntest Du
             ruhn?
Esther: Ich hör es, ich hör es, und kann es nicht
             hören,
             Vor Kummer bricht mir das Herz entzwei,
             Ich gehe, ich werde den König beschwören,
             Und wenn es auch um mein Leben sei!

Charbona ab. Esther schmückt sich, geht in den Vorplatz und wartet.

2. Scene

Der König kommt, sieht Esther demütig stehn, reicht ihr das Zepter als Zeichen seiner Huld und spricht:

König: Was ist Dir, Esther, Königin?
                Was führt Dich zu mir her?
                Weil ich Dir sehr gewogen bin,
                Erfüll ich Dein Begehr.

Esther: Geliebter König und Gemahl,
                Erweis mir doch die Gnaden,
                Und komm mit Haman zum festlichen Mahl,
                Ich kam, Euch einzuladen.

König: Wenn dies Deine ganzen Wünsche sind?
                Gewiß, wir kommen, mein schönes Kind.

König ab.

3. Scene

Esther und ihre Dienerinnen richten die Tafel.

Esther betet: Hast Du, o Gott, mich deshalb erhöht,
                Weit über Israels Frauen,
                Daß meinem Volke ein Fürsprech entsteht
                In dieser Stunde voll Grauen?
                Ja, grauenvoll drückt Erez die Not,

Schwach ist mein ganzes Vermögen,
Spende, o Herr über Leben und Tod,
Doch meiner Absicht den Segen.
Sieh, ich bin jung und noch lebe ich gern,
Verzeih mir mein bängliches Zagen.
Doch jetzt ist's vorbei, und jetzt gehe ich gern
Für die Meinen alles zu wagen.
Vater im Himmel, ich flehe Dich an,
Wollest die Gnade mir spenden,
Daß ich das Los meines Volkes kann
Heute zum Besseren wenden.

Der König und Haman kommen.

4. Scene
Esther, König, Haman, Charbona sitzen an der Tafel bei Wein.

König: Esther, schönste aller Frauen,
                Laß Dir in die Augen schauen,
                Wohlgerüstet ist Dein Fest,
                Alles mundet uns aufs Best,
                Köstlich wie ein Edelstein
                Ist der goldenklare Wein.
                Sag mir Deinen Wunsch und Willen,
                Und ich will ihn Dir erfüllen.
Esther: Ach, geliebter Herr und König,
                Ich bin in Deinen Augen wenig,
                Doch willst Du mir huldvoll sein,
                Erlöse mich von arger Pein,

Mögest Du mir Gnade geben,
Schenke meinem Volk das Leben.
Sieh, wir sind verschachert worden,
Ein böser Feind will uns ermorden.
König: Wer ist das und wo ist er?
Bring den Übermüt'gen her!
Denn das soll er büßen!

Haman wirft sich bittend nieder, wimmert: Gnade, Gnade!
Esther: Er liegt zu Deinen Füßen.
Haman ist's, der Bösewicht,
Siehst Du erbleichen sein Gesicht?
Ein Haman konnte den Plan nur fassen,
Den Mordechai an den Galgen hängen zu lassen!
Er hat auf Deine Gunst vertraut
Und hat den Galgen schon gebaut.
König: Das wollt' er tun, ohn' mich zu fragen?
Das hätt er besser nicht getan.
Jetzt bin ich taub für seine Klagen,
Man hänge selber ihn daran!

Zwei Diener eilen herbei und führen Haman ab.
Esther: Nun sinkt mir eine Last vom Herzen,
Mein König ist gerecht und gut, –
Doch, dies bereitet mir viel Schmerzen,
Der armen Juden unschuldig Blut.
Denn der Befehl ist ausgegeben,
Sie zu erwürgen an einem Tag.

Ach, gerne opfert ich mein Leben,
Wenn es das ihre retten mag!

König: Nun laß Dein armes Herzlein ruhn,
Ich werd Dir auch diesen Willen tun.
Herold, herbei!

Herold: Was ist Dein Befehl?

König: Verbreite die neue Botschaft schnell:
Man gebe den Juden im ganzen Land
Zum Schutze Waffen in die Hand,
Denn dann wird keiner Lust verspüren,
Die Juden auch nur anzurühren.
Nun gib Dich zufrieden, mein liebes Kind,
Weil Deine Juden gerettet sind.

Chor: (bei Hamans Abführung)
Nun muß Haman den Frevel bezahlen,
Denn seine Seele ist schlecht,
Ihn selber treffen die Qualen,
Ja, unser Gott ist gerecht.

König ab. Esther steht in der Mitte. Juden kommen von allen
Seiten.

Chor der Juden:

Nun laßt uns jauchzen und lobsingen,
Werft von Euch Euer Aschenkleid,
Der Herr, der Wunder kann vollbringen,
Er sei gelobt, der uns befreit!

Ende

ANMERKUNGEN

1 Über die beteiligten Autoren und ihre eingereichten Stücke: „They were Fritz Rosenthal of Munich (Das Messiasspiel); Maurice Ruebner (Pax eterna) and Oswald Pander (Man tuermt), both of Hamburg; Herbert Schoenlank of Amsterdam (Kalenner faehrt Auto); Martin Mansbacher of Luebeck (Chanukkafestspiel); and Sylvia Cohn-Oberbrunner of Offenburg/Baden (Esther)." „Unser Preisausschreiben! Die Entscheidung des Preisgerichts", in: Mitteilungsblätter des Jüdischen Kulturbundes Rhein-Ruhr, März 1935, 7. Zit. nach: Duewell, K.: Jewish Cultural Centres in Nazi Germany. Expectations and Accomplishments, in: J. Reinharz & W. Schatzberg (eds.), The Jewish Response to German Culture, From the Enlightenment to the Second World War. Hannover–London, 1985, 294-316.

2 Israelitisches Gemeindeblatt Karlsruhe, 24. 2. 1937, S. 9

3 s.o.

4 Bohny-Reiter, Friedel: Vorhof der Vernichtung. Tagebuch einer Schweizer Schwester im französischen Internierungslager Rivesaltes 1941–1942. Konstanz 1995, S. 119

5 Frdl. Auskunft von Diane Afoumado, Centre de Documentation Juive Contemporaine, Paris, per Mail am 4. 12. 2003

6 Czech, Danuta: Kalendarium der Ereignisse im Konzentrationslager Auschwitz-Birkenau 1939–1945. Reinbek bei Hamburg 1989, S. 304

7 Johann Kremer (1883–1965), Anatom und SS-Arzt, war vom 29. 8. bis 18. 11. 1942 vertretungsweise in Auschwitz. Selektierte Menschen an der Rampe in die Gaskammern und machte Versuche zur Hungerforschung. Notierte am

23. 9. 1942 in seinem Tagebuch: „Abends um 20 Uhr Abendessen mit Obergruppenführer Pohl im Führerheim, ein wahres Festessen. Es gab gebackenen Hecht, soviel jeder wünschte, echten Bohnenkaffee, ausgezeichnetes Bier und belegte Brötchen." Am 10. 10. 1942: „Lebendfrisches Material von Leber, Milz und Pankreas entnommen und fixiert." Todesurteil Oberstes Polnisches Volkstribunal Krakau am 22. 12. 1947, Umwandlung altershalber in lebenslänglich, Entlassung in Polen 1958. Am 29. 11. 1960 vom Landgericht Münster zu zehn Jahren Haft verurteilt, durch polnische Haft verbüßt. Aus: Klee, Ernst: Das Personenlexikon zum Dritten Reich. Frankfurt 2003, S. 338f.

8 Totenschein 33667/1942 vom 6. 10. 1942 (Fotokopie Archiv Museum Auschwitz; dokumentiert in: Staatliches Museum Auschwitz-Birkenau (Hg.): Sterbebücher von Auschwitz, Bd. 2, München 1995, 184). – Schreiben des Direktors Jerzy Wroblewski, Museum Auschwitz, 8. 4. 1995, an Ursula Flügler: „Allerdings entsprachen die Todesursache und die Uhrzeit nicht immer der Wahrheit. Die Lazarette schrieben in die Sterbeurkunden als Todesursache eine der Krankheiten, die einer offiziellen Liste des Lagerarztes zu entnehmen waren. Zum Vertuschen einer Massenexekution wurden die Namen der Ermordeten oft über mehrere Tage verteilt allmählich aus dem Lagerregister mit gefälschten Sterbeurkunden ausgetragen." (Übers.)

9 Dr. Hugo Hahn, geb. 1893 in Tiengen, 1915 als Rabbinatsvikar nach Offenburg, 1919 nach Walldorf; liberaler Rabbiner in Essen 1921-1939, dann Exil in New York;

gründete dort 1939 am ersten Jahrestag der Pogromnacht die deutsch-jüdische Gemeinde „Habonim"; gestorben 1965

10 hebr. „Versammlung": Bezeichnung der jüdischen Gemeinde

11 hebr. Gebote

12 Theodor Herzl (1860–1904), Vater des Zionismus

13 Chaim Nachman Bialik (1873–1934), volkstümlicher neuhebräischer Dichter

14 hebr.: „Verbannung"; Bezeichnung des Exils und der Diaspora der Juden in den Ländern außerhalb Israels

15 hebr. Bezeichnung für Einwanderung nach Palästina und Israel

16 wörtlich „Gerechtigkeit": als Bezeichnung für Wohltätigkeit gebraucht

17 hebr. „Versammlung": Bezeichnung der jüdischen Gemeinde

18 Abtransport der männlichen Offenburger Juden im November 1938 („Kristallnacht") nach Dachau

19 In einem Brief an Dr. Steinhard, Tengstr. 27, bei der Sylvia Cohn 1939 in München Zuflucht fand, als bei Kriegsausbruch die grenznahen Gemeinden zu Frankreich ins Innere des Reiches evakuiert wurden

20 Eduard Cohn emigrierte im Mai 1939 nach England

21 Schawuot: Wochenfest. Mittleres der drei großen Feste des Jahres, Erntefest (im Christentum als Pfingstfest gefeiert)

22 Chanukka „Einweihung": Lichtfest zur Erinnerung an die Tempelweihe (etwa zeitgleich mit dem christlichen Weihnachtsfest). Infirmerie: Krankenbaracke

23 Von Gurs erfolgte die Verlegung vieler Deportierter nach Rivesaltes an der Mittelmeerküste bei Perpignan

24 Offenburg, Blumenstraße 3; im Novemberpogrom 1938 geplündert, 1939 aufgelöst

25 „Ausgerüsteter"; Angehöriger des „Hechalutz": unpolitische Weltorganisation zur Vorbereitung und beruflichen Ausbildung junger jüdischer Menschen für ein Arbeiterleben in Israel

26 „Ertüchtigung"; Bezeichnung für landwirtschaftliche bzw. handwerkliche Ausbildung künftiger Palästina-Pioniere

27 s. Anm. 10

28 auch Parnas; „Pfleger": Gemeindevorsteher

29 Dr. med. Herta Wiegand (geb. Lion, 1890–1944, auf dem Transport gestorben); Praxis seit 1919 in Offenburg

30 Alexander Spitzer (1867–1941 Gurs) und Helene, geb. Sternweiler (1887–1963)

31 Stadtarchiv Offenburg Bestand 9: Nachlaß Wiegand I/32

32 Emil und Clementine Neu aus Offenburg. Emil Neu war der langjährige Gemeindevorstand, auch er wurde mit der Offenburger Gemeinde nach Gurs deportiert

33 Verschlüsselte Botschaft wegen Zensur: Es gibt zu wenig Essen!

34 Adolf Kahn aus Offenburg, Schanzstr. 7 (1880–28. 8. 1941 Rivesaltes)

35 Eva Mendelsson: Techesaknah ist ein hebräisches Lied, das zum Ende der meisten Aufführungen gesungen wurde

36 Wohl im Frühjahr 1935 als Beitrag zu einem Preisausschreiben des Jüdischen Kulturbundes entstanden; vgl. Fußnote 1

LITERATUR
ZUR GESCHICHTE DER OFFENBURGER JUDEN

Flügler, Ursula: ... was sich alles an die Gräber anknüpft. In: Manfred Bosch (Hg.), Alemannisches Judentum. Spuren einer verlorenen Kultur. Eggingen 2001, 528–531

Dies. (Hg.): Jüdischer Friedhof Offenburg. Gedichte. Literaturkurs 1986/87. Oken-Gymnasium Offenburg, 1987

Germania Judaica. Bd. II: Von 1238 bis zur Mitte des 14. Jahrhunderts. Hg. v. Zvi Avneri. Tübingen, 1968

Hundsnurscher, Franz – Taddey, Gerhard: Die jüdischen Gemeinden in Baden-Württemberg. Stuttgart, 1988

Kähni, Otto: Geschichte der Offenburger Judengemeinde. In: Die Ortenau 49 (1969), 80–114

Lewin, Adolf: Geschichte der badischen Juden seit der Regierung Karl Friedrichs (1738–1909). Karlsruhe, 1909

Möschle, S.: Das Schicksal der jüdischen Bevölkerung Offenburgs in der Zeit des Nationalsozialismus. Zulassungsarbeit für das Lehramt. Universität Freiburg, 1977

Rosenthal, Berthold: Heimatgeschichte der badischen Juden seit ihrem geschichtlichen Auftreten bis zur Gegenwart. Bühl, 1927 (Nachdruck Magstadt, 1981)

Ruch, Martin: Drei jüdische Bibliotheken in der Ortenau (Offenburg, Kippenheim, Lahr). In: Die Ortenau 83 (2003), 77–82

Ders.: „Ich bitte noch um ein paar Sterne" – Jüdische Stimmen aus Offenburg, Bd. 2. Offenburg, 2002

Ders.: Der Offenburger Künstler Oscar Haberer (1867–1932): „Prototyp des Besten, das in der jüdischen Seele lebt ...". In: Die Ortenau 82 (2002)

Ders.: Der „Salmen". Geschichte der Offenburger Synagoge. Offenburg, 2002

Ders.: Quellen zur Geschichte der Offenburger Juden im 17. Jahrhundert. E-Publikation, Universitätsbibliothek Freiburg (Freidok), 2001

Ders.: Bilder von der Deportation der badisch-pfälzischen Juden nach Gurs. In: Die Ortenau 80 (2000), 253–260

Ders.: Der letzte Offenburger Rabbi. In memoriam Bernhard Gries (1917–1938). In: Die Ortenau 80 (2000), 261–268

Ders. und Samuel Dzialoszynski: Der gute Ort. Jüdischer Friedhof Offenburg, Gräberdokumentation. Offenburg, 2000

Ders.: Jüdisches Offenburg. Ein Rundgang. Haigerloch, 1999

Ders.: Aus der Heimat verjagt. Zur Geschichte der Familie Neu. Jüdische Schicksale aus Offenburg und Südbaden. Konstanz, 1998

Ders.: In ständigem Einsatz. Das Leben Siegfried Schnurmanns. Jüdische Schicksale aus Offenburg und Südbaden. Konstanz, 1997

Ders.: Judaica des Museums im Ritterhaus, Offenburg. Katalog. Offenburg, 1997

Ders.: Verfolgung und Widerstand in Offenburg 1933–1945. Offenburg, 1995

Ders.: Jüdische Stimmen aus Offenburg. Interviews, autobiographische Zeugnisse, schriftliche Quellen zur Geschichte der Offenburger Juden in der Zeit von 1933–1945. Anhang: Gedenkbuch. Offenburg, 1995

Ders.: Familie Cohn. Tagebücher, Briefe, Gedichte einer jüdischen Familie aus Offenburg. Offenburg, 1992

Ders.: Tanzsaal, Revolutionslokal, Synagoge, Lagerhalle. Die Geschichte des „Salmen" in Offenburg. In: Die Ortenau 67 (1987), 371–389

Sauer, Paul: Dokumente über die Verfolgung der jüdischen Bürger in Baden-Württemberg durch das nationalsozialistische Regime 1933–1945. Stuttgart, 1966

Sauer, Paul: Die Schicksale der jüdischen Bürger Baden-Württembergs während der nationalsozialistischen Verfolgungszeit 1933–1945. Stuttgart, 1968

Schellinger, Uwe: Faszinosum, Filou und Forschungsobjekt: Das erstaunliche Leben des Hellsehers Ludwig Kahn aus Offenburg (1873 – ca. 1966). In: Die Ortenau 82 (2002), 429–468

Schwanke, Irmgard: Nachbarschaft auf Zeit. Juden und Christen in der Reichsstadt Offenburg im 17. Jahrhundert. In: Häberlein/Zürn (Hgs.): Minderheiten, Obrigkeit und Gesellschaft in der frühen Neuzeit. St. Katharinen 2001, 293–316

Stein, Peter: Ein Schiddusch – eine jüdische Ehevermittlung in Offenburg 1878. In: Die Ortenau 82 (2002), 469–486

Walter, Kasimir: Das Judenbad in Offenburg. Offenburg, o. J.